KB152005

비울수록 풍요로운 삶

# 비울수록 풍요로운 삶

노혜령 글

하라북스

차례

**여는 글**                     008

**1부 돈 걱정 없이 살기**       015
비울수록 풍요로운 삶           018
신용카드                       024
비우면 채워진다                 028
돈을 소중히 하기               039
가계부                         051
절약은 큰돈이다                 057
빚 없이 살기                   066
미래를 위한 저축               077
보험                           087
현명한 노후 준비               090

**2부 집**      097

집은 삶을 담는 공간이다   099

작은 집은 여유롭다   102

깨끗한 집은 풍요롭다   113

**3부 음식** 137

과식보다 소식 138

가공식품보다 자연식 150

육식보다 채식 155

간소한 조리법 161

**4부 비움으로 채우는 삶**   177

건강은 귀중한 재산   178

주어진 일 하기   185

감사   193

독서   201

인생의 태도   207

홀로서기   223

운명을 사랑하기   237


**맺는 글**   248

잘 산다는 것은 무엇일까요?

몸과 마음을 돌보고 즐겁게 일하면서 물질적으로 풍요롭게 사는 것 아닐까요?

저는 아내로 두 아이의 엄마로서 평범한 삶을 살았습니다. 그러나 2008년 금융위기의 여파로, 남편의 사업이 점점 흔들리기 시작하면서 가진 것의 대부분을 잃었습니다. 집은 경매로 처분되었고, 남은 것은 약간의 보증금이 전부였습니다. 셋집을 구해 이사는 했지만 당장 생활비와 아이들의 학비로 걱정이 태산이었습니다. 앞이 캄캄하여 폭풍우 속의 배 안에 갇힌 느낌이었습니다. 그때 벼랑 끝에 선 심정으로 나에게 질문을 던졌습니다. 그것은 바로 '어떻게 하면 돈 걱정 없이 살 수 있을까?'였습니다. 고심 끝에 나 자신에게 내린 처방은 '삶을 단순화하라'는 것이었습니다. 그 질문으로 말미암아 내 삶을 되돌아보는 계기가 되었고, 위기는 기회로 바뀌게 되었습니다.

낯선 시선으로 주변을 돌아보니 내가 이미 너무 많은 것을 갖고 있다는 것을 알게 되었습니다. 나는 그것들을 비워내면서 집안을 일으켜 세워야 할 의무감이 들었습니다. 그리고 나 자신을 돌아보고 싶었습니다. 본질을 꿰뚫고 들어가 사람이 사는 데 필요한 것은 무엇이며, 적은 돈으로 풍요롭게 살 수 있는 방법은 무엇인지 알고 싶었습니다. 그리고 내 삶에 주어진 열매를 찾아보고 싶었습니다. 답을 찾기 위해 집과 도서관을 오가며 책을 읽고 또 읽었습니다. 다양한 독서는 삶에 대한 시각과 태도를 완전히 바꾸어 놓았습니다. 더 많이 벌려고 애쓰기보다 경쟁과 비교를 멈추고, 내가 가진 것에 감사하며 소박하게 살아갈 때 비로소 풍요로워진다는 것을 깨달았습니다.

이 마음가짐으로 주변을 돌아보며, 삶에 걸림돌이 되는 것을 하나씩 비워나가면서 인생의 본질적인 면에 집중할 수 있었습니다. 물건을 버릴수록 집착과 욕심이 없어지고 마음속에

똬리를 틀고 있던 욕망도 눈 녹듯이 사그라짐을 느꼈습니다. 그러한 과정에서 자유롭고 풍요롭게 살기 위해서는 '비움'이 이상적인 삶의 방식이라는 것을 알게 되었습니다. 비울수록 삶은 단순해졌고 견고해져서, 외부적인 그 어떤 것에도 흔들림 없이 걸어갈 수 있는 나만의 길을 찾을 수 있었습니다. 필요한 만큼 소유하고 홀가분하게 살아갈 때 존재의 기쁨이 충만해집니다.

가진 것에 만족하며 삶의 본질에 충실하면 얼마를 벌든 어떤 환경에서도 흔들림 없이 살아갈 수 있습니다. 그렇게 살기 위해서 오랜 시간 비우고 공부하고 고민하면서 많은 것을 깨달았고, 그러한 과정에서 얻은 제 삶의 작은 열매가 이 책 속에 담겨있습니다. 단순한 삶을 선택하면 굳이 돈을 더 벌기 위해 애쓰지 않아도 되고 자유롭게 살 수 있습니다. 그래서 저는 생활을 간결하게 만들어 적은 돈으로도 풍요롭게 살아가는 방법에 대해 전하고 싶습니다. 이 책에는 자기의 능력 안에서 부유하게 살아가는 법을 터득하고 살아가는 기술에 대해 썼습니다. 많이 소유할수록 삶은 복잡해집니다. 진정한 부는 소유가 아닌 내면의 부입니다. 과잉으로 지친 우리의 몸과 마음을 치유해 줄 수 있는 비법은 바로 '비움'입니다. 욕심을 비울수록 마음은 순수해지고, 육체는 건강해지며, 내면은 더 단단해집니다.

　저의 경험의 산물인 이 책이 지난날의 나처럼 삶의 위기에 직면해서 어찌할 줄 몰라 답답한 사람, 열심히 버는데도 계속 쪼들리는 사람, 돈을 모으고 싶은데 방법을 모르는 사람, 적은 돈으로 풍요롭게 살고 싶은 사람이 있다면 그들에게 위로와 등불이 되기를 바랍니다. 이 책을 통해 비움의 기술을 구체적으로 터득하고 이해하여 더 자유롭고 행복한 삶이 되기를 바라며, 적게 소유하며 존재만으로 충만하게 살아가기를 꿈꾸는 모든 이들에게 닿기를 진심으로 바랍니다.

필요한 만큼만 소유하고

풍요롭게 살고 싶어 하는 모든 이들이

자신의 무한한 가능성을 탐구하는 데 도움이 되길 바라며.

# 돈 걱정 없이 살기

## 1부

나에게 경제란 '필요한 만큼만 소유하고 낭비하지 않는 것'
이것이 전부다. 미켈란젤로가 커다란 대리석에 들어 있
는 조각상을 드러내기 위해 불필요한 부분을 쪼아 내려
갔듯이, 욕망을 하나하나 비우다 보면 삶의 목적이 명확
하게 드러나고 모든 게 충분한 지점에 이른다. 그렇게 되
면 우리의 삶도 예술작품이 될 수 있다. 불필요한 것을 제
거해나가면 본질만이 드러나고 삶이 간결해진다. 필요인
지 욕망인지 구분할 줄 알아야 돈에서 자유롭고 삶이 단
순해진다. 사는 데 있어 필요를 충족하는 것은 욕망이 아
니다. 누구나 생활을 위해 필수적인 것만 원한다면 돈
에 구속되지 않고 단순하고 자유롭게 살아갈 수 있다.

# 비울수록
# 풍요로운 삶

### 필요와 욕망을 구분하라

가진 게 많아야 행복한 것은 아니다. 오히려 많이 가질수록 인생이 고달파진다. 많이 가질수록 신경 쓸 일도 더 많아지기 때문이다. 경제의 사전적 의미는 '인류가 재화를 획득하여 그 욕망을 충족시키는 활동'을 말한다. 사람마다 가치관과 욕망의 척도는 다르지만, 필요 이상의 것을 계속 추구하다 보면 만족함은 영원히 느낄 수 없다. 욕망은 또 다른 욕망을 자극하기 때문이다.

개인이든 국가든 돈이 잘 돌아야 건강하다. 재정관리를 위해서는 정직하게 벌고 올바르게 써야 한다. 땀 흘려 번 돈이라야 소중함을 알 수 있고 신중하게 쓸 수 있기 때문이다. 낭비를 막으려면 욕심을 버리고 절제할 줄 알아야 한다. 계획도 없이 대출을 받는 사람, 허영심이 많은 사람, 자잘한 연체금을 무시하는 사람, 지갑은 얇아도 일단 쓰고 보는 사람, 저축하지 않는 사람 등 이들은 대부분 가난하다. 돈을 이해하고 제대로 다룰 줄 알아야 한다. 그러기 위해서는 돈을 벌고, 쓰고, 모으고, 지키는 능력을 모두 갖춰야 한다.

먹고사는 데 있어 기본생활수단이 마련되고 나면, 더 많은 것을 탐하고 계속 쌓아 놓기보다 그다음 단계의 인생을 누려야 하지 않겠는가! 돈을 벌기 위해 마지못해 하는 일에서 벗어나, 여가를 즐기고 나를 탐구하며 인생을 보다 가치 있게 살아갈 수 있는 길을 찾아보는 것이다.

비우면 풍요롭다. 모든 사람이 불필요한 것을 비우고 간결하게 살아간다면, 돈 걱정에서 해방될뿐더러 인생의 참된 열매를 맛보며 살 수 있을 것이다. 이것은 사회경제와는 상관없이 내가 추구하는 단순한 삶의 방식이다. 활동에 필요한 만큼의 음식을 먹고 검소하게 사는 것은 자유로운 삶의 지름길이다. 보다 경제적이고 독립적인 삶을 원한다면 다른 이의 시선에 신경 쓰지 않고 나만의 속도로 걸어야 한다. 소비사회는 인간을 물질적 욕망과 이익에 반응하도록 끊임없이 부추기며 돈과 시간을 써 없애도록 만든다. 이러한 족쇄에서 벗어나려면 사회적 틀에서 벗어나 자신만의 신념과 생활방식을 가져야 한다. 내 방식대로 살아야 자유롭게 살 수 있다. 내가 좋아하는 것이 무엇인지, 내가 그리는 행복은 무엇인지 알아야 나다운 삶을 살 수 있다. 돈을 많이 벌기 위해 전전긍긍하기보다 내 원칙대로 살면 돈의 고통에서 벗어날 수 있고 비로소 경제적 자유를 누릴 수 있다.

필요와 욕망을 구분할 줄 알아야 한다. 욕망을 따라가면 끝이 보이지 않는다. 필요한 것만 원할 때 간결하고 풍요롭게 살아갈 수 있다. 돈은 우리 삶의 모든 것과 연결되어 있으며 식·의·주에서 인간관계에 이르기까지 경제활동에 밀접한 관계가 있다. 사람이 사는 데 가장 중요한 것은 삶의 균형이다. 즐겁게 일하며 여가를 즐겨야 한다. 일하는 목적이 내 삶을 의도적으로 꾸려가며 먹고 살아가는 한 방편이 되어야지, 끝없는 욕망의 노예가 되어서는 안 되겠다.

부의 척도는 사회적 통념에 따른 것이 아닌 '삶에 필요한 만큼'이어야 한다. 사는 데 있어 없어도 되는 목록이 많을수록 진정한 부자다. 돈을 많이 들이지 않고도 인생을 즐겁게 살 수 있다면 그 사람이야말로 성공한 사람이 아니겠는가. 남아도는 부는 근심과 걱정을 안겨줄뿐더러 인생의 낭비다. 우리가 태어날 때 빈손으로 왔듯이, 생을 마치고 돌아갈 때도 빈손으로 가야 한다. 인생의 전반기가 확장기라면, 인생의 후반기는 축소기로 비우고 내려놓는 연습을 해야 한다. 필요한 만큼만 갖고 살아야 홀가분하게 떠날 수 있다. 유산은 자녀를 패배자로 만든다. 자신의 노력과 땀으로 번 돈이라야 더욱 가치 있게 쓸 수 있다. 가진 것으로 인생을 즐겁게 살다가, 때가 되면 흔적 없이 떠나는 게 모두에게 유익하다.

노자는 얻기 어려운 재물이 사람의 행동을 방해한다고 말했다. 우리 사회는 만족함을 모르고 더 많은 것을 탐하며 끝없이 달려가는 마부와 같다. 행복을 좇지 않을 때 행복이 따라오듯이, 돈을 더 이상 원하지 않을 때 진정으로 부유한 사람이 된다. 필요한 만큼 갖고 충분함을 아는 것, 그것이 풍요로운 삶의 비법이다. 스스로 충만한 삶이 되려면 대중의 선택에 휘둘리지 말고 나에게 필요한 만큼만 갖고 살아야 한다. 복잡하고 어수선한 것에서 벗어나야 나를 발견할 수 있고 비로소 나에게 집중할 수 있다. 그러면 삶이 간결해진다. 가진 것으로 만족하며 고요한 생활을 하고, 돈에 지배당하지 않으며 결핍을 즐기고, 자연과 발맞추어 사는 것은 조화롭고 현명한 삶의 토대가 된다.

필요한 만큼만 소유해도
충분하다는 것을 알면
자유롭게 살 수 있다.

# 신용카드

우리 속담에 '외상이면 소도 잡아먹는다'는 말이 있다. 신용카드는 당장 돈이 들지 않기 때문에 언제 어디서든 쉽게 쓰게 만든다. 그렇지만 자잘한 돈도 한 달 동안 모이면 큰돈이 된다. 신용카드는 미래의 돈을 끌어다 씀으로써 내 노동력을 저당 잡히는 것이다. 이렇듯 분별없이 쓰다보면 월급은 통장을 스쳐 가버리고 만다. 그러므로 지출을 통제하기 힘든 사람은 신용카드부터 없애야 한다.

### 신용카드와 현금의 무게는 다르다

똑같은 돈이지만 현금을 쓰느냐, 카드를 쓰느냐에 따라

돈의 무게가 다르게 느껴진다. 신용카드는 돈이 눈에 보이지 않기 때문에 쓰는 것을 체감하지 못한다. 현금을 쓰면 당장 내 손에서 돈이 나가는 게 보이기 때문에 돈을 신중히 쓰게 되는 반면, 신용카드는 계산 후 카드를 돌려받으므로 심리적으로 돈이 나간다는 생각이 들지 않는다. 그렇기 때문에 쉽게 쓰고 충동구매를 할 가능성도 그만큼 높다. 이것이 현금과 플라스틱 카드의 차이점이다.

무분별한 소비를 막으려면 카드사의 각종 할인 혜택에 현혹되선 안 된다. 신용카드를 제대로 사용하지 못하면 포인트는 미끼일 뿐이다. 몇 만원의 혜택을 받으려고 몇 십만원을 쓰게 하기 때문이다. 알뜰하고 현명하게 쓰지 못할 바에야 신용카드를 아예 쓰지 않는 것이 재정관리에 도움이 된다. 신용카드는 충동구매의 유혹에 쉽게 흔들리게 하고 불필요한 소비습관을 만들 수 있다. 예를 들어 30만 원짜리 상품을 신용카드로 구매한다면 할부의 유혹에 빠져 쉽게 사게 된다. 하지만 적은 금액도 누적되면 그 금액 또한 눈덩이처럼 커진다. 반면에 현금이나 체크카드를 쓰면 돈의 무게를 체감하기 때문에 돈을 쓸 때 훨씬 더 신중해진다. 나는 20여 년간 쓰던 신용카드를 해지하고 나서야 돈을 제대로 사용하게 되었고 저축도 할 수 있었다.

## 신용카드를 비우면 돈이 따라온다

어느 날 구두를 사러 백화점에 갔다. 실용적이고 오래 신을 수 있는 구두를 고르고 나서 현금인출기로 돈을 찾으러 갔다. 현금을 찾으러 가는 몇 분 동안에도 지금 내가 구두를 사는 게 올바른지 계속 생각했다. 현금으로 구매를 해보니 신용카드를 쓸 때보다 돈을 더 신중히 쓸 수 있었다.

돈을 올바르게 쓰려면, 내가 이 돈을 써도 되는지 자신에게 결재를 받고 사용해야 한다. 그래야 후회가 없고 돈을 낭비하지 않게 된다. 신용카드를 없애려면, 우선 한 두 달가량의 생활비를 비축해 놓고 카드사에 해지 신청을 해야 한다. 카드를 잘라 버리더라도 완전히 해지해야 재발급 받는 일이 없기 때문이다. 카드 사용금액을 줄여나가는 것도 하나의 방법이겠지만, 미리 생활비를 모아놓고 단칼에 없애버리는 게 더 효과적이다. 그래야 더 이상 카드에 의존하지 않게 된다.

신용카드는 외상 카드다. 무분별하게 신용카드를 쓰는 행위는 자신의 미래를 먹구름 속에 가두는 행동이다. 미래소득에서 돈을 끌어다 쓰는 가불 인생으로 만드는 것은 그 누구도 아닌 바로 자기 자신이다. 신용카드 대금을 갚고 나면 당장 돈이 없으니 또다시 카드를 쓰게 되는 악순환이 반복되기 때문이다. 그 악순환의 고리를 끊는 비법은 과감하게 카드를 자르고 해지하는 것이다. 명심하자. 지금 무분별하게 쓰고 있는 신용카드가 미래의 나에게 빚덩이를 안겨준다는 사실을! 신용카드를 없애야 비로소 돈이 돈으로 보인다. 그래야 마이너스의 늪에서 빠져나올 수 있고 돈도 모을 수 있다. 그러면 현명한 소비를 하게 되고 비로소 돈을 관리하는 능력이 생긴다.

# 비우면
# 채워진다

오직 도는 비어 있는 곳에 모이니
빈 곳에서 순수함이 나와 상서로움이 머문다. (장자)

**풍요의 원천은 비움이다**

깨끗하고 질서 있는 공간에는 풍요로움이 깃들기 마련이다. 돈 걱정 없이 살고 싶다면 불필요한 물건부터 먼저 비워야 한다. 그릇이 비어 있을 때 비로소 쓰임이 생기듯이 비워야 더 좋은 것을 담을 수 있다. 불필요한 것을 모두 비워낸 곳에는 설렘과 긍정, 기대감으로 대신 채워진다. 주변을 둘러보자. '필요'라는 명목으로 가지고 있는 잡다한 물건과 옷장 가득 들어 있는 옷, 신발장 안에 겹겹이 있는 신발은 바라보는 것만으로도 피로감이 유발된다. 집안에 물건이 쌓여 있다는 것은 돈의 흐름이 정체되어 있다는 신호다.


### 불필요한 물건을 사는 것은 인생의 낭비다

　우리는 돈을 벌기 위해 얼마나 힘들게 일하는가? 졸린 눈을 비비고 일어나 지하철 문이 닫힐세라 뛰어가고, 직장에서는 상사의 눈치를 보며 업무에 시달린다. 이렇게 돈에는 나의 소중한 자유와 영혼이 들어 있다. 그렇기 때문에 돈을 함부로 쓰면 안 된다. 물건은 곧 돈이다. 돈에는 나의 소중한 시간과 땀이 들어있다. 물건을 함부로 사고 쉽게 버리는 행위는 돈을 간접적으로 찢어 버리는 것과 같다. 꼭 필요한 물건은 생활을 편리하게 해줄 뿐만 아니라 만족감과 즐거움을 준다. 그러나 물건이 너무 많아지면 분별력은 점점 흐려지고 마침내 그것들의 도구로 전락하게 된다. 물건을 사들일수록 그것을 감당해야 할 부담감은 더해지고 시간과 에너지를 빼앗기게 된다. 그래서 집안 곳곳에 물건이 자리를 차지하고 방치되는 것이다.

물건을 비우다 보면 소중하게 대하지 못했던 자신의 삶을 돌아보고 반성하게 된다. 쓸모없는 물건을 버림으로써 과거의 나를 버리고 새롭게 성장하는 나로 거듭날 수 있다. 간결한 삶을 위해 맨 처음 해야 할 일은, 집 안의 쓸모없는 물건을 버리고 정리하는 것이다. 낡은 서랍장과 장식장을 드러내면 빈 벽이 드러난다. 그러면 마음속에 겹겹이 쌓여 있던 먼지가 벗겨지는 느낌이 든다. 혼탁했던 마음이 맑아지고 가벼워진다. 버리면 잃는 것 같은 두려움에, 꼭 끌어안고 살아야 하는 줄로만 알았던 물건을 가만히 들여다보면, 없어도 사는 데 전혀 불편함이 없는 것이 대부분이다. 그렇게 집안 구석구석 차지하고 있는 물건을 하나하나 정리하다 보면 텅 빈 집안에 햇빛이 들어온다.

우리가 버리지 못하는 이유는 버리면 손해고 잃는다고 느끼기 때문이다. 그러나 버리면 얻는 것이 더 많아진다. 공간, 시간, 돈, 자유 그리고 일상의 소중함이다. 물건에서 해방되면 삶이 가벼워지고 자유가 찾아온다. 그렇게 되면 비로소 나를 발견하게 되고 내가 진심으로 하고 싶은 일을 할 수 있게 된다. 물건을 버리고 정리하면서 얻는 것은 홀가분함이다. 물건을 버릴 때마다 과욕에 빠져있던 자신을 발견하게 되고, 이러한 과정을 통해서 '비움'이 곧 '풍요로운 삶으로 가는 통로'임을 깨닫는다. 이는 돈을 비롯한 인생의 여러 가지 스트레스에서 벗어날 수 있게 해준다. 불안과 걱정에서 해방되면 비로소 고요와 평화가 찾아온다. 이는 물건에 의존하지 않고 존재만으로도 당당하게 살아갈 수 있는 힘을 준다.

많이 가질수록 가난해지고 비울수록 풍요로워진다. 적게 가진 것이 가난이 아니라 더 가지려는 마음이 가난이다. 만족할 줄 모르기 때문이다. 집이 두 채가 있어도 세 채 가진 사람을 부러워하면 불행하다. 이는 절대적 빈곤이 아닌 상대적 빈곤에 허덕이는 것이다. 비우면 비울수록 형언할 수 없는 기쁨이 마음에 차오르는 것을 느낄 수 있다.


## 소비사회는 낭비 사회

지금 우리 사회는 무엇이든 더 많이 구매하고 더 많이 소비하길 원한다. 우리가 소비할 때마다 누군가는 이윤을 얻는다. 소비란 써서 없애는 것이다. 소비할수록 시간과 에너지도 소모되며 마음은 더 헛헛해진다. 더 이상 물질을 탐하지 않을 때 불안감은 사라지고 여유롭게 살아갈 힘이 생긴다. 소비가 당연시되는 이 시대에 더 이상 물건에 현혹되지 않고 사지 않으면, 돈을 벌기 위해 아등바등하지 않아도 된다. 소비사회의 덫에서 벗어나 욕심을 버리면 그보다 더 나은 삶의 길이 있음을 깨닫게 된다.

### 잡동사니를 버리는 것은 삶을 재정비하는 일

단순하고 홀가분하게 살기로 마음먹던 어느날, 문득 집안에 있는데 갑자기 모든 것이 낯설게 느껴졌다. 주방에서 안방 아이 방 욕실까지 천천히 둘러보면서 내가 너무 많은 것을 소유하고 있다는 것을 알게 되었다. 집안 곳곳마다 나의 욕심이 덕지덕지 붙어 있는 것만 같았다. 그 순간 참을 수 없을 만큼 답답함을 느꼈고, 필요한 것 이외의 것은 모두 버리기로 결심했다.

읽지 않는 책은 모두 도서관에 기증하고 매일매일 물건을 버리면서 정리하기를 몇 개월, 어느 날 현관문을 열고 집에 들어갔는데 눈이 부시도록 환한 집이 나를 반기고 있었다. 잡동사니를 모두 걷어낸 텅 빈 집이었다. 그때 비로소 진정한 내 삶의 길로 접어들었음을 느꼈다. 아이들도 쌓여 있던 문제집을 다 버리고 나서야 공부에 집중하기 시작했다. 방의 여백이 생기니 숨 쉴 틈이 생긴 것이다. 남편도 퇴근 후 집에 오면 푹 쉴 수 있어 마음이 편안하고 일에 집중이 더 잘 된다고 했다.

불필요한 것을 모두 버리면 공간이 살아난다. 사람이 사는 공간에는 필수적으로 빛과 여백이 있어야 한다. 쓰지 않는 물건은 잡동사니에 불과하다. 잡동사니를 버리면 모든 것이 제 자리를 찾게 되고 비로소 집으로서의 쓰임이 생긴다. 공간에 여백이 생기면 사람의 마음에도 여백이 생긴다. 여백과 질서가 있는 집은 돈을 비롯하여 무슨 일이든 원활하게 잘 돌아간다.

사람이 사는 공간에는
필수적으로
빛과 여백이 있어야 한다.

## 비움은 가능성이다

비어있음은 가득함을 의미한다. 빈 곳에는 창조의 기운으로 가득 차 있기 때문이다. 현대의 물리학에서 공의 상태는 비어있는 것처럼 보이지만, 그 속에는 끝없이 생겨나고 사라지는 무수한 입자들을 함유하고 있다는 것을 밝혀냈다. 우주는 비어있으나 모든 것을 만들어내는 원인물질로 가득 차 있으며 그 빈 곳에서 만물이 생성되는 것이다. 무엇이든 가득 찬 상태에서는 앞으로 나아가기가 힘들다. 가득 차고 넘칠수록 궁지에 몰리게 된다. 공간이 없는데 어떻게 새로운 것이 들어설 수 있겠는가?

비우면 가볍고 홀가분해진다. 비움은 과중한 소유의 무게로 짓눌린 몸과 마음을 치유한다. 욕심을 버려야 자신을 제대로 볼 수 있고 원하는 것을 발견할 수 있다. 짐이 가벼워야 여행이 즐겁듯이 삶의 여정도 이와 마찬가지다. 짐을 내려놓을 때 풍경이 눈에 들어오듯이 비워야 삶을 온전히 즐길 수 있다. 동물이 허물을 벗고 성장하듯이 비움은 나를 깨어나게 하며 새롭게 성장하는 계기가 된다. 비워야 채워지고 채우면 비워지는게 자연의 순리이다. 우리의 삶도 이와 마찬가지로 비워야 더 좋은 것으로 채워진다. 빈 곳은 생성과 변화의 원천이 되기 때문이다. 비움은 삶의 모든 영역의 가능성을 열어 준다.

## 비워야 행복하다

사람은 원하는 게 적을수록 행복하다. 욕심을 내려놓으면 삶에 온전히 집중할 힘이 생긴다. 빈 마음도 무엇을 담느냐에 따라 여유로울 수도 있고 허기에 시달릴 수도 있는 것이다. 내려놓고 비울수록 자유로워진다. 반면에 탐욕적인 사람은 마음이 공허하다. 물건을 정리하면서 깨달은 것은 비울수록 자유롭다는 것, 욕심을 버리고 적게 소유할수록 행복에 더 가까워진다는 것이었다. 이전에는 더 많이 가져야 부유해지는 줄 알았고 더 많이 채워야 행복한 줄 알았다. 그러나 그것은 허상에 불과하다는 것을 비움의 충만함을 깨닫고 나서야 알게 되었다.

내가 지금까지 살면서 가장 행복했던 시간은 인생에서 가장 가난했던 시절이다. 나는 매일 편안한 옷을 입고 도서관을 찾았다. 아침마다 자전거를 타고 도서관으로 향하는 내 발걸음은 가볍고 즐거웠다. 그것은 겉모습에 치중된 삶이 아닌 내면에 충실한 삶으로 나를 이끌어 주었다. 옷장을 가득 메우고 넘치도록 소유하며 살던 그때에는 느끼지 못했던 홀가분함과 부유함이었다. 내가 진주 목걸이를 하고 비싼 옷을 입고 명품 가방을 들고 다니면 부자처럼 보일 거라는 것은 착각이다. 나도 남들처럼은 하고 살아야겠다는 마음이 가난한 마음이다. 허울에 둘러싸인 삶은 거추장스럽고 피곤하다. 분수에 맞지 않는 허울을 모두 벗어던져야 삶이 가볍다. 그러면 내가 온전히 존재함을 느낄 수 있고 비로소 삶이 제대로 보이기 시작한다.

비움은 나를 깨어나게 하며
새롭게 성장하는 계기가 된다.

# 돈을 소중히 하기

작은 돈을 귀하게 대하면 큰돈이 된다

　부자와 빈자의 차이는 작은 돈을 대하는 태도에 있다. 부자들은 불필요한 것에는 100원도 낭비하지 않는다. 작은 돈을 소중히 하면 '돈의 씨앗'이 되어 큰돈으로 되돌아온다는 것을 알기 때문이다. 돈은 다룰 줄 아는 사람을 따라가는 법이다. 돈 걱정 없이 사는 것은 행복의 조건 중에서 많은 비중을 차지한다. 돈이 삶의 전부는 아니지만, 삶에 있어 돈은 매우 중요하기 때문이다.

　작은 돈을 소중히 하면 재정상태가 점점 좋아지기 시작한다. 부와 가난은 사소한 것에서 차이를 내고 시간이 흐를수록 나비효과로 되돌아오기 때문이다. 나비의 작은 날갯짓이 공기의 흐름을 바꾼다는 것을 아는 사람은 사소한 것을 간과하지 않는다. 큰 것은 작은 것에서 비롯되는 것인데, 돈 걱정에 휘말려 사는 사람들은 작은 돈은 하찮게 여기면서 한탕만을 노리는 것 같다. 작은 돈을 귀하게 대하지 않는 사람은 아무리 큰돈이 주어져도 얼마 가지 못해 다 써버린다. 한 개의 도토리가 숲을 만들고, 한 방울의 물이 모여서 바다를 이루듯이, 작은 돈이 모여서 큰돈이 되는 것은 자연의 법칙이다. 자연이 단순한 방법으로 가장 작은 입자를 더하고 더함으로써 거대한 우주를 생성하고 유지해 나가는 것처럼 돈의 법칙도 이와 마찬가지다.

### 돈의 법칙

돈에 휘둘리지 않고 살려면 돈의 성질을 알아야 한다. 돈은 정직하게 벌고, 올바르게 쓰고, 천천히 모아야 한다. 단기간에 생긴 돈은 단기간에 나가는 게 돈의 법칙이다. 탐욕으로 쌓은 돈은 결국 무너지게 마련이다. 동전을 아무렇게나 두는 사람, 은행 수수료를 무시하는 사람, 시간에 쫓겨 택시를 자주 타는 사람은 작은 돈의 소중함을 모르는 사람이다. 돈은 인격체이기에 무시하면 나를 떠나버린다. 돈도 자기를 좋아하고 귀하게 대하는 사람을 따르기 마련이다. 돈을 하찮게 대하는 사람은 궁핍해지고 돈을 귀하게 대하는 사람은 부유해진다. 돈을 인격적으로 대하고 가치 있게 써야 삶의 격도 높아지는 법이다. 가격이 아닌 가치에 쓴 돈은 더 큰돈을 몰고 다시 나를 찾아와 준다. 가격이 아닌 가치에 돈을 써야 행복하다. 이것이 돈의 법칙이다.


### 돈은 목적이 아니라 수단이다

돈을 목적으로 살아가는 사람은 행복할 수 없다. 돈이 목적이 되면 탐욕적이 되며 그것은 결국 자기를 찌르는 도구가 된다. 고액의 이자를 받기 위해 돈을 빌려주는 행위, 단기간에 차익을 위해 무리하게 투자하는 행위, 이렇게 사람보다 돈을 우위에 두는 사람은 당장은 많은 돈을 만질지는 몰라도 결국에는 다 잃고 만다. 이런 사람은 돈의 노예이며 결코 행복할 수 없다. 고기를 잡으러 나가기 위해 배가 필요하고, 여행을 위해서 비행기가 필요한 것처럼 돈은 자유롭고 행복한 삶을 위한 수단이 되어야 한다. 평생을 배를 마련하기 위해 일

하다가 타보지도 못하고 삶의 종착지에 다다른다면 이보다 더
안타까운 인생은 없을 것이다.


### 생각의 차이가 가난과 부를 만든다

우리는 세상의 모든 것을 겉모습에 따라 판단하려는 경향
이 있다. 그러므로 무엇이든 더 많이 소유할수록 풍족함을 누
린다는 착각에 빠져 산다. 그러나 본질은 눈에 보이지 않는 것
에 존재한다. 그 진리를 꿰뚫어 볼 줄 아는 눈을 가져야 한다.
그 비법은 바로 '생각'에 있다. 가난과 질병 등 인생의 모든
문제는 모두 제때에 비워내지 못함에서 비롯된 것이다. 탐욕
과 집착은 삶에 커다란 장애물이다. 그 장애물은 실제로 눈에
보이는 것에 있는 게 아니라 마음에서 비롯된 것들이다.

생각은 모든 것을 가질 수도 있고 버릴 수도 있다. 부와
가난, 건강과 질병은 모두 생각과 마음에서 비롯되는 것이다.
고급차를 타도 검소하게 살 수 있다. 그만한 차를 탈만한 경
제적 능력이 있는 사람은 그럴만한 자격이 된다. 그러나 하나
를 가진 사람이 열을 가지려고 하니 가난한 것이다. 자신의 위
치를 모른 채 남이 하는 대로 따라가려니 항상 돈에 쪼들릴 수

밖에 없다. 분수에 맞지 않으면 삶이 힘겹고 도리어 해만 입는다.

돈에 대한 태도와 생각을 바꿔야 삶이 달라진다. 내 생활에 맞게 돈을 쓰면, 10만 원도 100만 원의 가치로 끌어올릴 수 있다. 생활을 축소하고 필요를 충족하면 돈 걱정 없이 풍요롭게 살 수 있다. 그러면 적은 돈으로도 만족스럽게 살 수 있다. 검소하게 살면 경제적으로 여유로운 때가 마침내 온다. 원하는 것을 누리려면 당장 눈앞에 보이는 욕구를 절제할 줄 알아야 한다.

생각을 바꾸려면 삶을 정면으로 마주해야 한다. 아무리 가난하더라도 지금 내 삶을 새로운 눈으로 바라볼 수 있는 용기가 있어야 한다. 그저 하루하루 생각 없이 시간에 이끌려 살아가다 보면 우물쭈물하다 끝나고 만다. 삶을 정면으로 마주하면 불필요한 부분이 분명히 눈에 띄기 시작한다. 조개가 자신을 괴롭히는 모래를 진주로 만들 듯이, 인생의 문제를 하나씩 해결해 나가다 보면 비로소 삶의 본질에 다다를 수 있다.

인간은 무엇이든 원하는 것을 창조할 수 있는 존재다. 그에 대한 목표와 확고한 신념만 있으면 된다. 누구나 자신의 생각대로 살아갈 능력이 있고 그럴 권리가 있다. 우리는 언제나 생각하는 것 그 이상으로 최고의 삶을 꿈꿔야 한다. 부와 가난의 대물림은 왜 반복되는가? 바로 생각의 차이다. 가만히 앉아서 남의 인생을 부러워만 한다고 해서 삶이 바뀌지 않는다. 가난이 지긋지긋하다면, 내 대에서 가난을 끊어버리려면 더이상 이렇게는 살지 않겠다고, 한 번뿐인 인생 나도 내 삶의 주인으로 멋지게 살겠다고 다짐하자. 그러면 그 순간부터 삶은 변화하기 시작한다.

언제나 머릿속에 좋은 생각으로 가득 채우자. 생각을 바꾸고 나의 미래에 가장 좋은 것들만 기다리고 있다는 희망을 마음속에 가득 품자. 나를 변화시킬 수 있는 사람은 바로 나 자신이다. "상상은 현실이 된다"라고 아인슈타인은 말했다. 삶의 주인으로서 행복하게 꾸려나갈 힘은 생각에서 비롯된다. 인생을 만들어 나가는 틀이 바로 생각이다. 생각을 바꾸면 그대로 행동하고 변화할 수 있다. 생각의 틀을 최대한 넓히고 그속에 좋은 생각으로 가득 채워보자. 그러면 기대하는 만큼 이

룰 수 있다. 이제부터 건강하고 풍요롭게 삶을 채워나가겠다
는 생각으로 하나하나 변화를 시도해 보자.


## 부지런함과 검소함

> 제철에 맞추어 먹고 예에 맞게 소비를 한다면
> 재물을 이루 다 쓰지 못할 정도가 될 것이다. (맹자)

검소하면 넉넉해진다. 사치스러운 모든 비용을 줄여주기
때문이다. 검소한 사람은 가진 것에 만족하며 적은 돈으로 인
생을 풍요롭게 꾸려갈 줄 안다. 한정된 수입 안에서 안정적으
로 살아갈 수 있는 비법은 절제력에 달렸다. 검소함은 복잡함
에서 벗어난 단순함이며 진선미에도 부합하는 삶이다. 꾸밈없
이 수수한 멋을 아는 사람은 돈에 속박당하지 않고 돈의 주인
으로 살아갈 능력을 가진 사람이다. 검소함은 값을 매길 수 없
는 보배이며 큰 재산이다. 물질적인 것은 닳아 없어져도 근검
으로 무장한 정신은 샘솟는 우물처럼 풍요의 원천이 된다.

검소함은
복잡함에서 벗어난 단순함이며
진선미에도 부합하는 삶이다.

검소함은 단순함으로 모든 필요를 충족시키는 힘이 있다. 욕심을 줄여주고 내가 가진 것에 대한 고마움을 갖게 해주기 때문이다. 검소한 사람은 우아하고 가난하게 사는 것을 즐긴다. 자신의 능력만으로 여유 있게 살아가는 방법을 알기 때문이다. 이는 현재를 안정적으로 살 수 있게 해주고 미래에도 긍정적인 효과를 준다. 하지만 검소함의 미덕과 절제를 모르는 사람은 마침내 돈에 굴복당한다. 그들은 자신은 물론 남에게 도움을 줄 수 없다. 자신의 수입만으로 살지 못하는 사람은 결국 남의 수입으로 살아야 한다. 남에게 손을 벌림으로써 자기 자신을 더 가난하게 만드는 것이다. 젊을 때 사치하면 나이 들어 궁핍함을 면치 못한다. 젊어서 택시 타면 나이 들어서 버스 탄다.

무엇이든 적당하게 있을 때 풍족함을 느낄 수 있다. 간소하게 살면 일이 줄어들뿐더러 돈도 절약된다. 검소하면 돈은 유용하지만 낭비하면 심신은 물론 영혼에도 상처를 입는다. 똑같은 상황이지만 먹지 못하고 사지 못하는 것보다 안 먹고 안 사는 것이 훨씬 더 행복하다. 절제력을 갖고 내 마음대로 할 수 있는 선택권을 더 많이 갖는 것은 돈보다 더 강력한 힘을 발휘한다. 검소함이란 스스로 자발적 가난을 선택함으로써 더 여유롭고 더 풍족한 삶을 누리는 것이다.


### 검소한 생활습관 기르기

#### * 물건

좋은 물건은 오래 쓸수록 즐거움을 더해준다. 실용성을 고려하여 비싸더라도 가장 좋은 것을 구매한다. 튼튼하고 실용적인 물건은 쓸수록 빛이 나고 세월이 지날수록 가격 이상의 가치를 준다.


#### * 두발 관리

건강한 모발은 화학물질을 바르는 데 있는 것이 아니라 건강한 음식에서 비롯된다. 견과류나 해조류 등을 잘 챙겨 먹는다. 샴푸 후에는 에센스 대신 식물성 오일을 발라 윤기를 준다. 긴 생머리라면 혼자서 이발할 수 있다. 파마와 염색을 하지 않으면 미용실에 가는 부담감을 줄일 수 있고 시간과 돈도 절약된다.

* 피부관리

　천연 화장수를 만들어 쓰면 비용이 절감되고 각종 화학물질로부터 피부를 보호할 수 있다. 제철 과일이나 채소(오이, 수박, 당근, 감자)로 다양하게 활용할 수 있다. 화장수는 아침에만 사용하고 저녁 세안 후에는 피부에 아무것도 바르지 않는 게 좋다. 처음에는 건조한 것처럼 느낄 수 있으나 시간이 지나면 피부가 유분을 조절해 준다.


재료- 당근, 청주, 천연 오일(동백 오일)


만드는 법

1. 당근 1/2개를 강판에 갈아서 면포에 넣어 즙을 낸다.

2. 당근즙, 청주, 동백 오일을 3:1:1의 비율로 섞는다.

3. 화장수 전용 용기에 담아 냉장 보관하면 6개월 이상 사용할 수 있다.


* 옷

　유행을 타지 않는 디자인으로 화이트, 블랙, 베이지 계열의 색상을 선택한다. 손세탁을 하면 옷을 더 오래 입을 수 있다. 되도록 손세탁이 가능한 옷을 구매하여 세탁소에 가는 시간과 비용을 줄인다.

## * 신발

운동화 두세 켤레, 단화 한 켤레, 앵클 부츠 한 켤레로 충분하다. 신발은 깨끗이 세탁하고 번갈아 신으면 더 오래 신을 수 있다. 겨울에는 긴 양말이나 발 토시를 활용하면 가죽 부츠를 사지 않아도 된다.

## * 전자제품

환경과 비용을 고려하여 청소기, 안마의자, 공기청정기, 식기세척기, 빨래건조기 등의 사용을 지양한다.

## * 음식

내가 사는 지역에서 난 제철 식재료로 먹을 만큼만 구입한다. 외식보다 되도록 집에서 음식을 해 먹는다. 외출 시에는 도시락과 물, 간식을 챙기면 불필요한 지출을 줄일 수 있고 건강에도 좋다. 고구마와 제철 과일은 훌륭한 한 끼 식사로 손색이 없다.

# 가계부

### 가계부를 쓰는 이유

가계부를 쓰는 목적은 합리적인 재정관리를 위해서다. 가계부를 쓰면 돈의 흐름을 한눈에 확인할 수 있으므로 불필요하게 나가는 돈을 막을 수 있다. 쓸 돈과 남는 돈을 알아야 저축도 하고 소비도 계획적으로 할 수 있게 된다. 버는 돈보다 쓰는 돈이 많으면 적자가 된다. 그러므로 지출을 꼼꼼하게 기록하고 파악해야 효율적인 돈 관리를 할 수 있다. 가계부를 쓰지 않는 사람은 수입과 지출이 뻔하여서 굳이 쓸 필요가 없다고 말한다. 수입 안에서 먹고살기 때문에 크게 낭비하지 않는다고 안일하게 생각한다. 하지만 돈을 모으지 않고 있는 대로 쓰면 마이너스는 면할지 몰라도 그저 근근이 살아가기에 바쁘다. 자잘하게 쓴 돈도 모이면 큰돈이 된다. 그렇기 때문에 지출 내역을 확인하고 세나가는 돈은 없는지 면밀하게 살펴봐야 한다. 가계부를 쓰는 사람은 수입과 지출의 균형을 유지하고 돈의 주도권을 가진 사람으로서 여유롭게 살 수 있다.

### 가계부는 불필요한 지출을 막아준다

수입이 많든 적든 불필요한 지출을 파악하고 최대한 줄여야 돈을 모을 수 있다. 가계부는 돈이 들어오는 통로를 넓혀주고 돈이 세나가는 통로는 막아준다. 특히 고정지출을 줄여야 한다. 무심코 빠져나가는 보험료나 통신비를 점검해 줄일 수 있는 것은 최대한 줄여야 한다. 정수기, 비데, 공기청정기 등 렌탈 제품도 실속 있는 것으로 교체할 수 있다. 되도록 내 손으로 직접 청소하고 관리하는 것이 지출을 줄일 수 있는 방법이다.

나는 가계부를 10년째 쓰고 있다. 이전에는 생활비가 늘 빠듯하고 적자이기 일쑤였다. 그런데 지출 내역을 꼼꼼하게 적다 보니 월 40~60만 원이 절약되었다. 그리고 그 돈을 저금하면 1년에 500~700만 원 이상을 모을 수 있다. 그렇게

10년을 모으면 5000~7000만 원이 된다. 수입이 많다고 해서 돈을 많이 모을 수 있는 것은 아니다. 1년에 1억을 벌어도 다 써버린다면 남은 돈은 늘 제로일 수밖에 없다. 하지만 수입이 적어도 지출을 꼼꼼히 기록하고 통제하면 낭비를 막을 수 있고 돈도 모을 수 있다.

가계부를 쓰면 자신을 돌아보고 반성하게 된다. 지출 내역을 적다 보면 부식비, 외식비, 의류비 등 항목별로 쓴 돈을 한눈에 파악할 수 있으므로, 필요 이상으로 많이 쓴 부분은 더 줄이게 되고, 전체적으로 낭비를 줄일 수 있는 방법을 모색하게 된다. 이로써 씀씀이를 알고 돈의 흐름을 파악할 수 있을 뿐만 아니라 아끼고 저축하는 재미도 쏠쏠해진다. 이렇게 한 달 한 달 노하우가 쌓여가다 보면 돈의 흐름이 원활해지고 통장의 잔고도 점차 쌓여갈 것이다.

### 가계부 쉽게 쓰기

**1. 쓴 돈을 적어본다는 생각으로 가볍게 시작한다.**

가계부를 쓰지 않는 이유는 번거롭고 복잡하게 생각하기 때문이다. 항목을 너무 세밀하게 나누고 지출도 일일이 다 적다 보면 어느 순간 귀찮아서 쓰지 않게 된다. 가계부 쓰기를 실패하지 않으려면 처음에는 내가 쓴 돈이 얼마인지 알기 위해 가벼운 마음으로 적어 보는 게 중요하다. 가계부는 굳이 돈을 주고 사지 않아도 된다. 매뉴얼이 복잡하면 머릿속도 복잡해지므로 집에 있는 빈 노트를 활용하면 내가 보기 편하게 쓸 수 있다.

**2. 지출 항목을 내가 알기 쉽게 구분해 적는다.**

먹은 것은 부식비, 외식비만 구분하면 되고 부식비는 '마트 콩나물 외 8만 원' 이런 식으로 적으면 된다. 감자 얼마, 대파 얼마 등등 세부사항을 일일이 다 적을 필요는 없다. 치약, 샴푸, 비누, 세제 등은 위생비로, 그 외 관리비, 주거용품, 의료비, 의류비, 차량 유지비, 교육비, 여가비 등 되도록 간단하게 구분하도록 한다. 영수증을 잃어버렸을 때는 대략 생각나는 금액을 적는다.

**3. 쉽고 재밌어야 꾸준히 쓸 수 있다.**

2주에 한 번 또는 월말에 좋아하는 음악을 들으면서 차를 마시며 써보자. 점점 그 시간이 즐겁고 기다려질 것이다. 돈을 통제할 수 있는 능력이 생기면 내 손안에 들어온 돈이 더 소중하게 느껴진다. 가계부를 꾸준히 쓰다 보면 재정 흐름이 원활해지고 경제적 여유가 생긴다. '샘솟는 보물창고'처럼 나만의 이름표를 붙여주면 가계부에 대한 의미와 가치를 더 높일 수 있고 이는 살림에 즐거움을 더해준다.

가계부를 쓰는 사람은
돈의 주도권을 가진 사람으로서
수입과 지출의 균형을 유지하며
풍요롭게 산다.

# 절약은
# 큰돈이다

절약이 중요한 이유는 힘들게 돈을 버는 것보다 아끼고 모으는 게 더 쉽기 때문이다. 아무리 많이 벌어도 다 써 버리면 한 푼도 남는 게 없다. 하지만 수입이 많지 않더라도 아껴 모으면 후일에 큰돈으로 보상받을 수 있다. 절약하면 자신만의 철학이 생기고 살림에 대한 자신감도 높아진다.

### 봉투 살림법

돈 관리가 안 되는 사람에게 권장할 만한 좋은 방법이 있다. 바로 '돈 봉투 시스템'이다. 수입이 생기면 통장에서 매월 자동이체되는 것을 제외한 나머지를 각각 봉투에 담아놓고, 필요할 때마다 꺼내어서 쓰면 된다. 예를 들어 한 달 부식비를 50만 원으로 정했다고 하자. 월급을 받자마자 은행에 가서 현금을 찾아다가 봉투에 넣고 겉면에 '부식비'라고 크게 써둔다. 단 부식비로 정한 돈은 다른 용도로 꺼내 쓰면 안 된다. 차량 유지비, 교육비, 의류비 등 다른 항목도 마찬가지로 금액을 정해 봉투에 담아놓고 쓰면 된다.

이렇게 쓸 돈을 미리 정해두고 나면 그 금액만큼만 쓰기 때문에 예산을 초과하지 않게 된다. 더 절약하는 사람은 남은 돈을 저축할 수도 있다. 봉투를 활용하면 돈을 신중하게 쓸 수 있으므로 무분별한 소비 습관을 바로잡는 데 도움이 된다. 요즘 같은 첨단 시대에 이렇게 불편한 방법으로 돈을 쓰느냐 할 수도 있지만 지출통제가 안 되는 사람에게는 이 방법이 매우 효과적이다. 돈은 불편하게 쓸수록 현명하고 가치있게 쓸 수 있다.


절약은 살림의 지혜이다

돈을 아껴 쓰는 것은 인색함이나 궁색한 것이 아니라 꼭 써야 할 데에만 쓰는 일종의 지혜이다. 절약은 자신의 수입만으로 살림을 넉넉하게 꾸려갈 수 있게 해준다. 적은 돈으로도 남부럽지 않게 살아갈 수 있는 비법은 절약하는 습관에 달려있다. 먹을 만큼 조리하여 음식을 남기지 않는 것, 물건을 함부로 사지 않고 소중히 대하는 것이 돈을 지키는 방법이다. 무엇이든 헤프게 펑펑 쓰는 사람은 그에 따른 비용을 치러야 한다. 머리를 감을 때 샴푸를 많이 쓰면 헹구느라 힘들 뿐 아니라 수도 요금도 많이 나온다. 마찬가지로 쓰레기를 유난히 많이 배출하는 사람은 불필요한 돈이 세나가는 것이므로 삶을 한번 점검해 보아야 한다.

　장을 볼 때 손에 잡히는 대로 사들이면 정리하느라 힘들어 결국 음식을 시켜 먹거나 밖에 나가서 사 먹게 된다. 게다가 냉장고 안에 음식이 많으면 꼼꼼하게 관리하기도 힘들고 전기료도 낭비된다. 상하거나 유통기한이 지나면 버리기도 힘드니 이는 이중 삼중으로 낭비가 아닐 수 없다. 먹을 만큼 구매하면 장바구니도 가볍고 집에 오는 발걸음도 가볍다. 식재료가 적으면 냉장고의 공간이 많아지고 음식물 쓰레기도 줄어든다. 먹는 것이 간소해지면 정신은 더 맑아지고 몸도 가벼워진다. 그러면 식비를 아낄 수 있을 뿐만 아니라 저절로 날씬해지고 건강에도 좋다.

집에서는 두 개의 전등으로 충분히 생활이 가능하다. 설거지나 음식을 만들 때는 부엌 등을, 식사 때나 그 외에는 식탁 등만 켜둔다. 대부분의 일을 낮에 하면 밤에 전등을 켤 일이 없다. 사람이 있지도 않은데 굳이 방마다 전등을 켜둘 필요는 없다. 온 집안의 불을 다 켜놓으면 더 산만하게 느껴진다. 가끔은 전등을 끄고 촛불을 켜면 고요한 정취를 느낄 수 있다. 세탁이나 설거지를 할 때도 세제를 적게 쓰면 물을 더 아낄 수 있다.

에너지를 아끼는 습관은 환경을 위해 좋은 것이고, 환경에 좋으면 우리 모두에게도 이롭다. 절약이 몸에 밴 사람은 낭비하지 않는다. 소박하고 간결하게 사는 방법을 알기 때문이다. 절약하는 습관은 돈과 에너지를 보존할 수 있는 최고의 방법이다. 버는 것도 능력이지만 가진 돈을 유용하게 쓰고 잘 지키는 것이 더 뛰어난 능력이다. 절약의 가장 큰 장점은 내 수입만으로 살림을 꾸려 나갈 수 있는 데서 얻는 만족감이다. 이는 돈에 대한 통제권을 갖는 데 큰 도움이 된다. 삶을 주도적으로 꾸려갈 수 있으니 어떤 환경에서도 자유롭고 유연한 마음을 가질 수 있다.

절약은 낭비를 막아주고
간소하게 사는 방법을
터득하게 해준다.
절약이 몸에 밴 사람은
평생 돈 걱정 없이 산다.

자녀를 둔 가정에서 지출의 가장 많은 비율을 차지하는 것이 사교육비이다. 한국의 부모들은 사교육비를 당연한 지출로 여긴다. 그러므로 매월 수십만 원 이상을 자녀들의 미래를 위한 투자로 생각하며 아낌없이 지출한다. 중고생 아이들을 둔 주부들은 학원비라도 벌어야 한다며 아르바이트나 고된 일도 마다하지 않는 게 현실이다. 사교육을 시키는 이유는 다른 아이들이 다 하는데 내 아이만 뒤처지는 것 같아 불안하다는 이유가 대부분이다. 아이들은 왜 공부를 해야 하는지도 모른 채 학교와 학원을 오가며 늦은 밤까지 공부에 시달린다.

우리 사회는 공부를 열심히 해서 명문대를 졸업하고 누구나 이름만 들어도 아는 기업에 취직해야 성공한 인생으로 여긴다. 하지만 사람의 생김새가 다르듯이 개개인의 취향도 다르고 개성도 다르다. 공부를 정말 좋아하는 사람이라면 공부를 하는 게 맞지만 그렇지 않은 경우는 대학을 굳이 가야 할 필요가 없다. 그 시간에 자신이 좋아하는 일을 찾고 그에 대한 경력을 쌓는 것이 자기 자신에게도 만족감을 줄 것이다. 진심으로 아이가 공부하기를 원한다면 공부하라는 말은 절대 해서는 안 된다. 부모는 TV를 보면서 아이가 공부하기를 바라는 것은 이치에 맞지 않는다. 부모의 말과 행동은 자녀들에게 가장 많은 영향을 주기 때문이다.

도서관에서 책을 읽다 보면 책가방을 책상 밑에 내려놓고, 몇 시간씩 전화기만 들여다보다 가는 학생들을 가끔 볼 수 있다. 대부분 공부의 필요성을 못 느끼고 공부하기 싫은 이유도 있겠지만 부모의 잔소리 때문에 도서관으로 피신 온 것처럼 보인다. 그럼에도 불구하고 아이가 집에 왔을 때 "공부하느라 힘들었지? 고생했어"라고 따뜻한 말로 위로하면 그 아이는 그래도 희망이 생긴다. 열심히 공부하고 집에 왔는데 칭찬은커녕 의심의 눈초리로 보면 그 아이는 영영 공부와 담을 쌓게 된다.

또한 부모는 아이가 아무리 공부를 싫어하더라도 배움에 대한 흥미를 가질 수 있도록 도와주어야 한다. 아이로 하여금 미래의 모습을 상상하고 고민할 수 있도록 방향을 잡아 주어야 한다. 부모가 변해야 아이도 변한다. 공부가 단지 학교 성적만을 위한 것이 아니라, 내가 좋아하는 것을 찾고 자신의 가치를 높여서, 즐겁게 살기 위한 것임을 인지시켜 주어야 한다.

내 경험을 말하자면 나도 여느 부모와 다름없이 '공부 잘하는 아이를 둔 엄마'가 되고 싶었다. 그래서 시도 때도 없이 공부하라는 말을 입에 달고 살았다. 그럴수록 아이들은 공부에서 더 멀어지기만 할 뿐이었다. 지금 생각해 보니 모두 내 욕심에서 비롯된 것이었다. 아이는 부모의 소유물이 아닌 인격체로 존중받아야 한다. 무엇보다 아이를 믿고 격려하고 지지하고 응원해 주어야 한다. 학원비를 절감하면 그만큼을 버는 것과 같다. 이렇게 계산해 보면 초등학교부터 고등학교까지 지출되는 사교육비는 실로 어마어마하다. 취학 이전의 사교육비까지 더하면 노후자금과 자녀의 결혼비용에 맞먹는 금액이 될 것이다. 이런저런 대출금에 사교육비까지 충당하려면 부부가 맞벌이를 해도 늘 쪼들리기 마련이다.

그러나 사교육비를 줄이면 살림이 한결 수월해진다. 주부가 집안일을 꼼꼼히 하면 재정관리에 크게 도움이 된다. 책상 위를 깨끗이 정리해주고 아이가 집에 돌아왔을 때 반갑게 맞아주며 간식을 챙겨주는 것이 아이에게는 안정감을 주고 든든한 버팀목이 될 수 있다. 아이가 공부에 집중하도록 유도하기 위해서는 부모가 함께 교육에 관심을 가져야 한다. 아빠는 돈을 벌어다 주고 엄마는 밥만 해주는 역할로 끝나서는 안 된다. 공부를 온전히 아이의 몫으로 돌리고 알아서 하려니 하는 것은 아이에게 큰 부담을 안겨준다. 단 한 번이라도 아이의 책상에 앉아서 교과서를 살펴보고 함께 온라인 강의를 들어보아야 한다. 그러면 아이의 고충을 헤아릴 수 있고 공감할 수 있다. 그러면 교과과정에 연계된 도서 목록을 파악할 수 있고 심화 학습을 유도할 수도 있다. 교과서를 꼼꼼히 파악하고 이해하면 사교육비를 줄일 수 있다. 공부에 대한 의지만 있다면 인터넷 정보와 책으로 사교육을 대신할 수 있다.

공부도 습관이 중요하다. 매일 같은 시간에 책상에 앉아 책읽는 습관을 들이면, 공부에 흥미를 가질 수 있고 자연스럽게 공부할 수 있다. 독서는 집중력, 이해력, 사고력, 판단력, 표현력을 길러주고 호기심을 채워준다. 대부분의 교과서는 국어가 기본이므로 독서는 특히 더 중요하다. 독해력이 뛰어난 아이는 어떤 과목이든 잘할 수밖에 없다. 어릴 때부터 책과 친해진 아이는 사교육비를 들이지 않고도 자연스럽게 공부하는 아이로 성장할 수 있다. 사교육은 아이가 진심으로 원할 때 해야 효과적이다.

# 빚 없이 살기

돈 걱정 없이 살려면 가장 먼저 빚을 청산해야 한다. 부채도 자산의 일부라고 하지만 그것은 엄청난 착각이다. 특히 순자산보다 빚이 더 많은 사람은 파산 위험이 매우 높기 때문에 하루라도 빨리 빚을 줄이는 데 주력해야 한다. 빚을 없애야 하는 또 한 가지 이유는 자동차 할부금, 신용카드 대금, 주택담보대출금 등 매월 통장에서 나가는 대출금과 수수료가 없어야 빚의 고통에서 해방될 수 있고 돈을 모으기도 훨씬 수월해지기 때문이다.

우리는 지금 빚 권하는 사회에 살고 있다. 우리가 힘들게 벌어서 내는 이자로 편하게 앉아서 먹고사는 사람들은 빚을 지렛대 삼아 자산을 늘리라고 끊임없이 현혹한다. 평생을 빚에 파묻혀 사는 사람은 돈의 주인이 될 수 없을뿐더러 똑같은 돈을 쓰면서도 몇 배 이상의 돈을 수수료나 이자로 허비하게 된다. 빚을 갚기 위해 평생을 일한다고 생각해 보라. 아무리 돈을 많이 벌더라도 기운이 빠지고 힘이 나지 않을 것이다. 돈을 버는 목적이 즐겁고 행복하게 먹고살기 위한 일이 되어야지, 빚을 갚기 위해 노예처럼 일한다면 이보다 더 비참한 인생은 아마도 없을 것이다.

### 빚보증은 함께 망하는 길

부모, 형제, 친구를 막론하고 어떠한 경우라도 보증은 피해야 한다. 이는 채무자와 보증자가 함께 망하는 지름길이다. 이를 쉽게 생각하는 사람은 '보증'이라는 말을 잘못 이해하고 있는 것이다. 빚보증은 대부분 가족이나 주변의 친한 사이에 이루어진다. 신원이 확실하고 친한 만큼 상대가 절대 나에게 해를 끼치지 않을 것으로 생각하기 때문이다. 그러나 여기에 함정이 있다. 빚을 내는 사람들은 자기만의 여러 가지 이유가 있다. 생활비가 부족해서, 사업 자금이 부족해서, 카드 연체금을 갚기 위해, 빚을 갚지 못해 돌려막기 위해서 등등 그 밖의 다른 이유도 있을 것이다. 나와 친하고 신원이 확실하다고 해서 그 사람이 앞으로 빚을 갚을지는 보장할 수 없다. 빚을 대수롭지 않게 여기는 사람은 못 갚는 이유를 상황이 안 돼서(사업이 잘 안 돼서, 경기가 나빠서, 거래처에서 결제를 안 해줘서, 이번 달에 나갈 돈이 많아서)라는 이유로 자신을 합리화한다. 그런데 생활비가 부족해서 빚을 내는 사람이 언제 빚을 갚을지는 미지수다. 빚을 내는 경우의 대부분은 자신의 힘으로 쉽게 일어나기 힘든 사람이다.

내가 살면서 체득한 철학 즉, 돈에 관한 불문율이 있다. 지금 내가 돈이 없는 것은 스스로가 돈을 잘못 사용하고 있다는 것을 증명한다! 돈을 잘못 쓰니 술술 빠져나가는 것이고 모일 틈이 없는 것이다. 더구나 빚을 내야 할 만큼 돈이 없다면 진지하고도 정확하게 이것을 인식해야 한다. 빚더미에 오르지 않으려면, 정신을 바짝 차리고 종이에 다음과 같이 적은 다음 빨간펜으로 별을 다섯 개 그려 넣고 냉장고에 붙여두자. 그리고 하루에 열 번씩 큰소리로 읽어 보자.

"나는 절대 빚지지 않을 거야.
내 통장 잔고는 언제나 넉넉하게 채워져 있어!"

빚을 우습게 생각하는 사람들은 당장 눈앞에 있는 비싼 음식을 일단 먹고 본다. 빚이 있어도 카드를 긁어 해외여행을 서슴없이 다닌다. 빌린 돈은 미뤄두어도 먹고 싶은 것, 하고 싶은 것은 절대로 미루지 않는다. 자신의 형편에 맞추지 않고 남들이 하는 대로 따라 사는 한 빚에서 벗어나기 힘들다. 빚을 내는 행위는 주체적으로 살아갈 능력이 없으므로 자신이 아닌 다른 누구에게 의존하고 있다는 것을 보여준다. 그들은 '능력' 을 '상황'으로 인지한다. 그래서 갚을 상황이 안 될 때 타인 이 나 대신 보증을 섰으니 어떻게든 해결해 줄 것으로 생각한 다. 그리고 갚을 능력이 없는 것을 상황이 안 된다며 환경 탓 을 한다.

돈을 빌려주면 돈도 잃고, 친구도 잃고, 내 마음도 상한 다. 그래서 절대 돈을 빌려주면 안 된다. 그것은 진심으로 상 대방을 위한 일이 아니다. 그 사람이 독립하지 못하게 만들고 더 의존하게 만들기 때문이다. 돈을 빌려줄 때는 앉아서 주지 만 받을 때는 서서 받는다는 말이 있다. 그만큼 받기가 힘들다 는 말이다. 돈 때문에 걱정하고 근심하며 밤잠 설칠 일에는 아 예 휘말리지 않도록 하자. 보증을 서지도 요구하지도 말자. 돈 을 빌리지도 꿔주지도 말자. 이것은 인간미 없는 행동이 아니라 서로를 위한 배려다.


실패 없이 재미있게 빚 갚는 비법

## 1. 빚 갚기 1단계 - 빚과 마주하기(빚 상태를 정확하게 파악하기)

노트에 종류별로 대출금액을 적으면 갚아나갈 길이 보이고 방법이 떠오르게 된다. 현재 자신의 수입만으로 갚기가 벅차다면 단기 아르바이트를 해서라도 빚 갚기에 몰입해야 한다. 일 할 상황이 안되면 집안의 쓰지 않는 물건을 처분해서라도 갚아나갈 수 있다.


## 2. 빚 갚기 2단계 - 의지 다지기

빚을 갚으려면 무엇보다 굳은 의지가 필요하다. 갚을 의지만 있으면 얼마든지 많은 빚도 갚을 수 있다. 더 이상 빚을 내지 않겠다고 굳게 마음을 다지면 빚은 점점 줄어든다. 그러려면 조급해하지 말고 천천히 빚 갚기에 집중하고 온전히 노력해야 한다. 무슨 일이든 서두르면 포기하기도 쉽다. 천리 길도 한 걸음부터라는 마음으로 포기하지 말고 꾸준히 갚아나가다 보면 반드시 목표에 도달한다.

### 3. 빚 갚기 3단계 - 먼저 소소한 빚부터 갚기

주택담보대출처럼 큰 빚보다 연체된 공과금부터 시작한다. 그다음은 자동차 할부금, 학자금 대출, 또는 카드대금 등을 갚는다. 작은 것부터 시작해야 성공률도 높아진다. 성취감과 자신감이 생겨야 다음 단계에도 가속력이 붙는다. 한 개의 빚이 없어질 때마다 빚 목록에서 줄을 그어 표시하고, 그때마다 좋아하는 음식을 마련하여 자축하면 더 즐겁게 빚을 갚아나갈 수 있다.


#### 대출금 없는 집

나도 한때는 대출금 없이 집을 살 수 있는 방법을 궁리한 적이 있다. 이곳저곳 알아보던 중 내가 사는 곳에서 조금 더 안쪽으로 들어간 지역의 소형 아파트는, 우리가 가진 돈으로 마련할 수 있었다. 두 개의 방은 각각 아이들이 사용하고, 거실의 미닫이문을 이용하면 안방이 되었다. 아이들과 남편의 반대로 나의 꿈은 무산되었지만 잠시나마 상상만으로도 뿌듯하고 즐거운 경험이었다. 그 후, 소형 아파트를 분양받아 입주

했다. 분양가의 절반은 은행에서 대출을 받았다. 그러나 내 집이 생겼다는 기쁨도 잠시뿐, 대출금이 발생하자 매월 통장에서 빠져나가는 이자가 너무 아깝다는 생각이 들었다. 그래서 생활비를 제외한 나머지를 모두 빚 갚는 데에 주력했다. 그렇게 입주한 지 2년 만에 대출금을 모두 갚았다. 빚을 모두 갚고 난 뒤의 그 홀가분함이란 하늘을 날아갈 듯한 기분이었다. 이제 은행과 상관없는 완전한 내 집이 된 것이다.

그 후로 다시는 은행에 절대로 빚지지 않고 살겠다고 다짐했다. 그 집에서 3년 정도를 살고 조금 더 넓은 집으로 이사를 했다. 무턱대고 집 크기를 늘리기 위한 게 아니라 성인이 된 아이들에게 좀 더 독립적인 공간을 주고 싶어서였다. 이미 대출금을 다 갚았기 때문에 마음 편히 이사할 수 있었다. 큰 집에 살면서 빚에 시달리는 것보다 작은 집에서 빚 없이 사는 게 마음이 더 편하기 때문이다. 자녀들이 모두 독립한 후에는 남편과 함께 아담한 집에 사는 모습을 상상해 보기도 한다.

집을 살 때는 되도록 대출금을 적게 받아야 한다

대출금은 없으면 더 좋겠지만 집값의 30퍼센트가 안정적이다. 은행에서 대출을 많이 해주더라도 무턱대고 다 받으면 안 된다. 대출금이 많을수록 심리적인 부담도 그만큼 커진다. 무엇보다 자신의 형편에 알맞은 집을 사는 게 현명하다. 집을 무리해서 사기보다는 월세나 전세로 살다가 여유가 생겼을 때 집을 사는 게 더 안정적이다. 아파트보다 연립주택을 고려해 보는 것도 대출금과 이자를 줄일 수 있는 좋은 방법이다. 무리 해서라도 집을 사면 집값이 오를 거라는 환상을 버려야 한다. 이율이 어떻게 변할지 모를 일이고 더 중요한 것은 그 빚의 무 게를 현재 스스로 감당할 수 있느냐에 있다. 하루를 살더라도 빚에 짓눌리지 말고 마음 편하게 살아야 한다. 대출금 걱정으 로 밤잠을 설친다면 그것은 자기의 능력에 맞지 않는 집이다.

빚은 최대한 빨리 갚아야 한다. 은행은 남은 대출금이 아 무리 적어도 이자를 꼬박꼬박 챙겨가기 때문이다. 빚이 없으 면 마음 편히 살 수 있고 저축도 하면서 노후 준비를 할 수 있 다. 어떤 용도든지 빚이 있는 것을 당연한 것으로 여겨서는 안 된다. 특히 살고 있는 집을 담보로 대출받는 것은 부득이한 경 우 가족을 길에 나앉게 하려는 행위나 마찬가지다. 어떤 상황 이 오더라도 절대 빚지지 않겠다고 다짐하자. 빚이 없으면 삶 의 선택지가 넓어지고 편안한 마음으로 즐겁게 살 수 있다.

　사업도 마찬가지로 돈의 흐름이 원활해야 한다. 항상 줄
돈과 받을 돈을 정확하게 파악해야 한다. 나가는 돈은 즉 들어
올 돈이기 때문이다. 그러므로 나가는 돈을 소홀히 해선 안 된
다. 규칙적으로 밀물과 썰물이 지나간 갯벌에 수많은 생물이
살아 숨 쉬듯, 돈의 흐름이 원활해야 흑자를 내는 것이다.

　자금은 여유 있게 확보해 놓아야 일도 순조롭게 할 수 있
다. 그러면 고객이나 거래처와의 관계에 긍정적인 효과를 줄
수 있기 때문이다. 약속을 중요하게 여기지 않는 사람, 진실하
지 못하고 거짓으로 순간을 모면하려는 사람, 핑계 대는 사람,
날짜를 미루며 늘 돈에 쫓기는 사람과는 누구든지 거래하기를
꺼리게 된다.

　그런 사람은 상대에게 신뢰를 얻지 못한다. 받는 것은 좋
아하고 주는 것을 미루는 사람은 돈에 쫓기게 되고 결국 돈의
기운이 막히게 된다. 많이 먹기만 하고 움직임이 적으면 혈관
질환에 걸리듯이 돈도 마찬가지다. 받은 돈으로 주려고 하면
변수가 생겼을 때 약속을 지키지 못하거나 궁색한 변명을 해
야 한다. 성공의 비법은 상대에게 감동을 주는 데 있다. 감동
한 사람은 다시 찾아오게 마련이다. 매출과 매입은 일별, 월

별, 분기별로 나누어서 꼼꼼히 기록하고 1년 평균치를 내보아야 사업이 제대로 되고 있는지 파악할 수 있다. 아무리 작은 사업체라도 마찬가지다. 주먹구구식으로 해서는 성공하기 힘들다. 사업체가 크다고 해서 다 성공하는 것은 아니다. 오히려 겉이 화려할수록 속은 곪아서 무너지는 경우가 더 많다. 소규모의 사업체라도 내실이 튼튼하면 오래갈 수 있다.

빛이 없어야 돈을 모을 수 있고
여유롭게 살 수 있다.

# 미래를 위한
# 저축


### 저축하는 사람의 미래는 밝다

　미래는 대비할수록 긍정적이고 아름다워진다. 그것은 현재의 절제가 미래에 자유를 선물하기 때문이다. 기회는 스스로 만드는 것이지 저절로 찾아오는 게 아니다. 저축하면 돈이 필요할 때 여유롭게 쓸 수 있다. 적은 돈이라도 아껴서 모으려는 마음가짐과 끈기가 중요하다. 저축은 독립심을 길러준다. 돈이 필요할 때 남에게 손을 내밀거나 빚에 의존하지 않고 스스로 해결할 수 있기 때문이다. 조금씩이라도 꾸준히 모으는 돈은 마음을 든든하게 해준다. 돈이 없다고 앉아서 한탄하기보다 적은 돈이라도 모으는 습관이 중요하다. 수입이 적어서 저금할 돈이 없다는 사람은 일종의 핑계에 불과하다. 저축을 하면 심리적으로 아껴 쓰게 되므로 절제력이 생긴다. 수입의 10퍼센트를 꾸준히 저축하면 마침내 여유로워지고 스스로 삶을 책임질 수 있게 된다.

어떤 사람이 고된 일을 하며 산다고 가정해 보자. 그 일이 적성에 맞고 즐거우면 일을 계속해도 된다. 그러나 마지못해 일하는 것이라면 그 일에서 벗어날 수 있는 방법은 씀씀이를 줄이고 돈을 모으는 것이다. 버는 대로 다 써버리면 그 일에서 평생 벗어날 수 없다. 저축하면 일하는 기간도 그만큼 단축할 수 있다. 저축은 미래를 대비함으로써 현재를 안정적으로 살 수 있도록 해준다. 돈을 유용한 심부름꾼으로 사용하려면 있을 때 아껴 모아야 한다. 자동차에 연료가 적당히 채워져야 목적지를 향해 순조롭게 갈 수 있듯이, 필요할 때를 대비해 모아 놓은 돈은 풍요로운 삶의 원동력이 되어준다.

**저축은 자신에 대한 예의이자 의무이다**

수입이 생기면 무조건 먼저 떼어 저축해야 한다. 그러면 남은 돈 안에서 어떻게든 쓰게 된다. 쓰고 남은 돈으로 하겠다는 사람은 저축에 대한 의지가 없는 사람이다. 수입의 절반을 10년 동안 꾸준히 저축하면 5년 치의 월급을 고스란히 모을 수 있다.

돈을 낭비하는 사람은 인생을 낭비하는 것과 같다. 돈은 매우 중요한 것이다. 돈을 모으지 않고 잘 사는 사람들을 부러워만 하는 것은 자신은 평생 가난하게 살겠다고 말하는 것과 같다. 저축은 남에게 기대지 않고 홀로 설 수 있는 길이며, 자기 자신과 남을 도울 수 있는 길이기도 하다. 써야 할 때 항상 돈이 없는 사람은 남에게 늘 손을 벌리게 된다. 이런 사람은 외발 인생이나 다름없다. 사람은 필요할 때 돈이 있어야 사람 노릇을 할 수 있고 당당하게 살아갈 힘이 생긴다. 미래는 대비하는 사람에게 기회가 주어진다는 것을 명심하자. 돈은 곧 에너지이고 자유다.

### 복리의 마법

내가 처음 은행에 가서 만든 통장은 1년 만기 24만 원 적금이었다. 저축 습관을 들이기 위해 같은 금액의 통장을 매월 한 개씩 늘려나갔고, 만기가 되면 있는 돈을 더해 정기예금을 했다. 또다시 만기가 되면 원금과 이자까지 다시 예금을 반복했다. 그렇게 5년이 지나자 생각지 않은 큰돈이 되었다. 꾸준히 돈을 모으면 시간이 흐를수록 돈에도 가속도가 붙는다. 돈이 돈을 끌어들이고 그 무게만큼 중력의 힘을 받기 때문이다. 처음에 눈 뭉치를 만들어서 굴리면 시간이 지날수록 눈덩이가 점점 커져서 갈수록 힘들이지 않고 굴릴 수 있게 된다. 이 원리를 이해하면 누구나 자신이 원하는 만큼의 돈을 모을 수 있게 된다. 바로 복리의 위력이다.


종잣돈 만들기

씨앗을 뿌리고 가꿔야 수확을 하듯이, 처음에 모으는 돈은 스스로 정한 액수가 될 때까지 쓰지 말고 모아야 한다. 이 것이 바로 '종잣돈'이다. 종잣돈은 더 많은 돈을 끌어들이는 밑천이 된다. 마이너스를 벗어나는 디딤돌이 되어주고 플러스로 가는 다리가 되어준다. 씨앗에는 희망이 들어 있다. 돈의 씨앗을 심고 가꾸다 보면 내 통장에도 꽃이 피고 열매를 맺어 풍성한 수확물을 거두는 때가 올 것이다.

**종잣돈 만드는 순서**

**1. 수입의 10퍼센트를 저축한다.**

빚이 있다면 수입의 30퍼센트는 빚 갚기, 10퍼센트는 종잣돈으로 모은다. 빚이 없으면 저축에 주력할 수 있고 종잣돈을 쉽게 만들 수 있다. 먼저 비상금을 6개월 이상 모아둔 후(6개월분의 생활비를 모아둔다), 종잣돈을 만든다. 그래야 종잣돈을 지킬 수 있다.

**2. 종잣돈의 액수와 기간을 정한다.**

목표금액을 1년 동안 1000만 원으로 정했다면 매월 83만 원을 저축하면 된다.

**3. 목표금액을 달성하면 예금이나 리스크가 적은 저축형 펀드를 활용하여 목돈을 만든다.**

종잣돈을 모을 때는 아무리 금리가 낮더라도 연연하지 말고 돈을 모으는 것에 의미를 두어야 한다. 천천히 꾸준히 모은다고 생각해야 성공할 수 있다. 그리고 만기금액을 찾아 다시 저금할 때, 얼마라도 더 보태면 내가 주는 이자가 되고 그 돈 역시 복리효과를 가져온다.

원하는 것을 종이에 적으면 뇌는 쉬지 않고 관련된 정보를 수집하고 그것을 실현하기 위해 노력한다. 글자에는 생각과 에너지가 담겨 있어 실행할 수 있는 원동력이 되기 때문이다. 무엇이든 재미있게 해야 효율성이 극대화된다. 통장에 이름을 붙여주면 의미가 더해지고 저축에 재미를 들일 수 있다. 그러면 중도에 해지하거나 포기하지 않고 목표를 이루기가 수월해진다. 배낭여행, 내 집 마련, 자동차, 취미활동비 등 원하는 것을 구체적으로 적으면 된다. 삶에 활력을 주고 행복을 주는 것이라면 반드시 실현될 것이다.

예를 들어 자동차를 사고 싶다면 '36개월 자동차 적금'이라는 이름을 붙이고 저축을 시작하면 된다. 자동차를 할부로 사는 것보다 돈을 모아서 현금으로 사면 불필요한 이자를 줄일 수 있다. 할부는 마음에 부담을 주지만 저축은 즐거움을 준다. 할부는 수수료가 붙지만 저축에는 이자가 붙는다. 이름표가 붙은 통장은 쉽게 해지하지 못한다. 우리의 뇌는 그것을 함부로 쓰면 안 되는 것으로 인식하기 때문이다.

## 통장을 3개로 나누기

　　돈을 용도별로 구별해야 효율적으로 관리할 수 있다. 통장은 수입, 저축, 비상금으로 나누어 관리한다. 통장에 월급이 들어오면 통신비, 보험료 등 자동이체로 빠져나가야 할 돈과 생활비를 남겨두고, 저축 통장과 비상금 통장으로 이체해 용도별로 구분해야 한다. 돈을 한곳에 모아 놓으면 구별이 안 되어 쉽게 쓰게 되므로 수입이 생기는 즉시 이체해 놓아야 한다. 통장을 구별해 놓으면 머릿속도 정리가 되고 정해놓은 금액 내에서 지출하게 되므로 돈의 낭비를 막을 수 있다.


[통장 나누기]

**급여 통장** - 생활비, 자동이체비를 남긴다.

**저축 통장** - 용도별로 구분하여 관리한다.

　　　　　　목적별로 통장이 여러 개일 수 있다.

**비상금 통장** - 매월 일정 금액을 모아두고 필요할 때 꺼내어 쓴다.


## 비상금 모으기

　　비가 오지 않을 때를 대비해 저수지에 물을 모으듯이 비상금도 마찬가지다. 차량 유지비, 경조사비, 의료비 등은 생활비에서 지출하기에 부담되는 돈이다. 그러므로 따로 구분해 모아두어야 한다. 비상금으로 매월 얼마를 모아야 할지는 개인의 형편에 달려있다. 비상시를 대비해서 쓸 돈을 미리 비축해 두는 것은 삶을 안정적으로 꾸려갈 수 있는 현명한 돈 관리법이다. 비상금이 있는 것과 없는 것은 심리적으로 많은 차이가 있다. 살다 보면 생각지 않게 갑자기 돈이 필요한 경우가 생긴다. 이럴 때 비상금이 있으면 당황하지 않고 꺼내어 쓸 수 있지만 그렇지 않으면 또 빚을 내게 된다. 언제나 나를 위한 울타리가 있어야 편안하고 여유로운 삶을 꾸려갈 수 있다.

비상금은 증권사(또는 종합 금융사)에서 발행하는 CMA(Cash Management Account) 통장을 이용하면 편리하다. 은행보다 이율이 높고 입출금이 가능하며 하루만 맡겨도 수익을 받을 수 있는 장점이 있다. 카드 사용을 제한하려면 은행에서 계좌를 개설하고 카드를 발급받을 때, 체크카드의 기능을 빼달라고 요구하면 된다.

### 신혼 부부 돈 관리법

서로 다른 환경에서 자란 남녀가 만나 하나의 가정을 이루고 살 때, 가장 중요한 것은 서로의 경제관념에 대한 이해다. 자신은 절약을 미덕이라고 생각하는데 상대방은 궁상이라고 여길 수도 있다. 그래서 서로를 존중하며 함께 지혜를 모아야 한다. 한 사람의 생각보다 두 사람의 생각이 시너지효과가 있기 때문이다. 신혼의 첫 단추를 잘 끼우려면 부부가 함께 장단기적인 재정관리에 대한 틀을 잡고, 그에 따른 세부적인 사항과 행동 방침을 만들어야 한다. 생활비를 비롯하여 내 집 마련, 출산과 양육비, 교육비, 노후대비 등 전반적인 계획이 있으면 돈에 대한 태도가 달라지고 출발을 순조롭게 할 수 있다. 특히 수입과 지출 내역을 상세히 알 수 있도록 투명하게 공유해야 한다. 지출을 한눈에 파악할 수 있도록 각자 쓰던 통장을 하나로 합치고 용도별로 나누어 놓아야 한다.


맞벌이 부부 돈 관리법

　　맞벌이 부부일 경우 한 사람의 수입은 모두 저축하는 게 좋다. 각자가 알아서 관리하면 서로에게 미루게 되고 헤프게 쓸 수 있으므로 알뜰하고 꼼꼼한 사람이 돈 관리를 하는 게 좋다. 화목한 가정에 걸림돌이 되는 이유 중 하나는 대부분이 돈 때문이다. 먹고사는 것은 현실이므로 돈을 필요 적절하게 사용하기 위해서 돈 공부는 필수적이다. 가정 살림을 규모에 맞게 시작하면 어떠한 경제적 상황에도 흔들림 없이 대처할 수 있는 능력이 있으므로 안정적으로 살 수 있다. 삶의 전반적인 요소를 짜임새 있게 마련해 놓으면, 이러한 것들이 균형을 유지해 주고 버팀목이 되어 행복이 가득한 집으로 들어가는 통로를 넓혀준다.

# 보험

나는 우체국에 가입한 암 보험 외엔 아무런 보험이 없다. 월 납입액은 15000원으로 보험사의 관리수수료를 최대한 줄이기 위해 우체국에 직접 찾아가서 가입했다. 식습관과 건강에 대한 관심이 많아서 암에 걸릴 염려는 하지 않으나 만에 하나로 가입해 둔 것이며 이마저도 기부금이라고 생각한다. 우리가 보험상품에 가입하는 이유는 불확실한 미래에 대한 두려움이다. 보험사는 질병과 죽음, 가장의 부재에 대한 두려움을 자극하는 마케팅으로 우리를 상품에 가입하도록 유도한다. 생활습관이 무분별한 사람일수록 미래에 대한 불안감은 더 커지고 보험에 더 의존하게 된다. 그러나 불안감은 보험을 아무리 많이 들어놓아도 없어지는 게 아니다. 건강할 때 절제하고 자연스럽게 살아간다면 걱정과 불안도 사라질 것이다.

보험은 3000만 원짜리 상품을 20년 할부로 사는 것이다. 예를 들어 종신보험을 월 15만 원씩 20년을 납입하면 3600만 원이 된다. 보험료는 내 통장에 적립되는 돈이 아니라 보장성 즉 손실되는 돈이며 그것도 최악의 경우에 보장된다. 보험은 한 번 계약하면 최소 10년 이상 돈을 내야 하고, 중간에 해약하면 원금 손실이 있으므로 신중하게 가입해야 한다. 보험금액은 수입의 5% 정도가 적당하다. 모아 놓은 돈이 없고 벌이가 적을수록 보험에 의존하기 때문에 이것저것 들다 보면 매월 내야 하는 보험 액수가 많아진다. 그래서 더 쪼들리게 된다. 무턱대고 보험에 들 게 아니라 여유를 가지고 삶을 개선할 방법을 모색해야 한다. 보험은 필수적인 것 한두 가지면 충분하다.

### 저축으로 보험의 역할을 대신할 수 있다

보험료로 낭비하지 않으려면 사회에 첫발을 내디딜 때부터 저축을 하는 게 좋다. 예를 들어 종신보험 대신 매월 15만

원을 20년 저축하면 원금만 3600만 원이다. 복리효과를 생각하면 이 돈으로도 충분히 보험의 역할을 대신할 수 있다. 보험은 확률상 최후의 경우에 보장받지만 저축한 돈은 내 손에 그대로 남는다. 이자까지 덤으로 말이다. 가장이고 여유 자산이 적다면 생명보험 한 개만 가입해도 무방하다. 만약 60세까지 사망에 대한 보장을 받을 수 있는 정기보험에 가입하면, 매월 몇만 원의 보험료로 사망 위험에 대한 보장을 충분히 받을 수 있다. 이렇게 하면 종신보험에 비해 매월 10만 원 이상을 절약할 수 있다. 실비보험도 신중하게 가입해야 한다. 비상금으로 소소한 병원비는 해결할 수 있다. 무리하게 보험료를 내는 것보다 최소한의 보험료(특약을 되도록 추가하지 않도록 한다)와 기본적인 보장만으로 미래 대비는 충분하다.

# 현명한
# 노후 준비

### 노후는 스스로 준비해야 한다

인생의 후반기가 되면 누구나 한가로운 시절을 맞이해야 한다. 사회활동에서 손을 떼고 여유로운 노후를 즐기려면 그에 따른 돈이 필요하다. 나이가 들면서 노화가 오는 것은 자연스러운 현상이고 누구든 그것을 피해 갈 수 없다. 그러므로 일할 수 있을 때 대비해야 한다. 안정된 삶을 위해 경제적 노후 준비는 꼭 필요하다. 노후를 자녀나 국가에 의존하면 안 된다. 자녀 역시 그들의 노후를 준비해야 하기 때문이다. 자녀에게 생활비나 병원비를 요구하는 것은 이중삼중으로 심적 부담을 안겨주는 일이다. 자녀는 자신들의 노후는 물론이고, 그들 자녀의 교육비까지 책임져야 한다. 집을 마련하고 교육비를 해결하고 나면 여생을 즐겨야 하는데, 한숨 돌릴 틈도 주지 않고 경제적인 부담을 주는 것은 자녀의 앞길을 가로막는 것과 다를 바 없다. 행복한 가족관계도 돈 문제가 두드러지면 금이 가게 마련이다.

국가가 노후를 책임져 주리라는 환상도 버려야 한다. 어디에든 의존할수록 삶이 초라해진다. 노후는 스스로 책임지고 준비해야 하는 일이다. 그래야 당당하고 멋지게 황혼을 누릴 수 있다. 현명한 노후 준비의 첫걸음은 생활비에 대한 정확한 인지이다. 어떻게 살고 싶은가에 대해 목표를 세운 후, 그에 필요한 돈을 계산해 보아야 한다. 막상 노년이 되어 궁핍하게 살아가는 사람은 '그때가 되면 어떻게든 되겠지' 하는 안일한 생각으로 준비 없이 세월을 낭비한 경우가 대부분이다. 그러므로 누구든지 노후를 나와는 거리가 먼 이야기로 생각해서는 안 된다.


## 노후 대비는 일찍 시작할수록 좋다

나이가 한살이라도 적을 때 노후 준비를 시작하면 금액의 부담도 그만큼 적어진다. 결혼 후에 또는 자녀가 독립한 후에 시작하면 이미 늦어버린다. 요즘은 결혼과 출산연령이 점점 늦어지는 경향이 있기 때문이다. 사회에 첫발을 내딛고 수입이 발생할 때부터 시작하면 적은 금액으로 부담 없이 노후 준비를 할 수 있다.

* 60세 은퇴 시점까지 원금만 1억 원을 모으려고 한다면,

  30세에 시작하면 - 매월 약 28만 원을 30년간 저축해야 하고

  50세에 시작하면 - 매월 약 83만 원을 10년간 저축해야 한다.


   현명한 노후 준비의 비법은 생활을 단순하게 만드는 데 있다. 적은 돈으로 살 수 있는 능력을 키우는 것이다. 무작정 남들이 사는 대로 따라 할 것이 아니라 간소하게 먹고 꾸밈없이 살면 생활비가 절약될뿐더러 건강에도 좋다. 2인 기준 월 생활비가 300만 원이라고 가정할 때, 60세부터 90세까지 10억 8000만 원이 필요하다. 그러나 생활비를 절반으로 줄이면, 그에 따른 노후비용도 절반으로 줄어든다. 노후자금을 힘들게 마련하기보다 생활비를 줄이는 게 더 쉽다. 50대 이후

로 준비를 하지 않은 사람은 지출을 줄이고 저축액을 더 늘려야 한다. 특히 건강관리는 경제적 노후 준비에 있어 가장 중요하다. 건강을 관리하면 병에 대한 염려를 줄일 뿐만 아니라 병원비에 대한 부담도 현저히 줄일 수 있다.


국민연금으로 노후 부담을 덜 수 있다

국민연금은 반드시 가입해야 한다. 적은 금액이라도 매월 일정하게 들어오는 돈은 노후에 큰 힘이 되기 때문이다.


**\* 50대 여성이 매월 9만 원을 납부할 경우 향후 연금을 계산해 보자.**

**[ 예상 연금 ]**

**60세까지 총 납부 금액 : 약 2800만 원**

**매월 받을 예상 금액 - 약 53만 원**(미래가치 기준)


**65세~75세까지 10년 : 약 6400만 원**

**65세~85세까지 20년 : 약 1억 3000만 원**

**65세~95세까지 30년 : 약 1억 9000만 원**

여기에 남편의 연금으로 130만 원을 더하여 매월 180만 원이면, 이 부부의 한 달 생활비로 적당할 것이다. 그 대신 빚이 없어야 하며 여가활동에 필요한 기타 노후자금을 별도로 대비해 놓아야 한다. 보험사는 국민연금으로 쌀을 사고, 반찬과 외식비용을 마련하려면 추가로 연금보험을 들어야 한다고 강조한다. 그러나 우리가 삶의 핵심적인 부분에만 집중한다면, 적은 돈으로도 얼마든지 우아하고 풍요롭게 살아갈 수 있다. 욕심을 다스릴 줄 알고 단순하게 살면, 돈을 비롯한 모든 걱정 따위는 달아날 것이며 여유롭고 행복한 미래를 맞이할 수 있을 것이다.

삶의 핵심적인 부분에 집중할 때
불필요한 것들은 사라지고
여유롭게 살 수 있다.

집

2부

# 집은 삶을 담는
# 공간이다

## 집은 휴식과 치유의 장소다

집은 사람이 살기 위해 지은 건물이다. 햇빛과 비바람, 추위와 더위 등 외부 환경으로부터 보호받으며 그 안에서 편안하고 자유롭게 살 수 있는 공간에 되어야 한다. 집의 본질은 나와 내 가정의 행복을 위한 것이다. 따뜻한 조명 아래 가족이 오순도순 둘러앉아 함께 식사를 하며 웃음꽃이 피어나는 집이어야 한다. 집에는 이야기와 추억이 있어야 한다. 건강한 삶이 담겨야 행복한 집이다. 눈에 보이는 것은 변하고 언젠가는 없어져 버리고 만다. 먼 훗날 우리의 기억 속에 남아 있어야 할 일은 집에서 가족과 함께한 추억과 감동이어야 한다. 안락하고 실용적인 공간은 온전한 휴식처가 되어주고 몸과 마음을 치유해 준다. 우리는 집에서 시간을 보내며 에너지를 충전하고, 가족의 사랑과 관심을 통해 위안을 받는다. 이와 더불어 집은 사색과 기도의 장소이며 영혼에 평안을 주는 공간이 되어야 한다. 옷이 몸이 될 수 없듯이 집도 사람의 외피에 불과할 뿐이다. 집은 부의 척도가 아니다. 물질적 재산으로서의 거품을 걷어낼 때 비로소 편안한 휴식처가 될 수 있다. 우리는 집의 크기를 늘려가느라 얼마나 많은 시간과 자유를 빼앗기며, 소중한 삶을 놓치고 있는가에 대해 깊이 생각해 보아야 한다.

### 행복은 집의 크기에 비례하지 않는다

화려한 가구와 물건으로 둘러싸인 집보다 필수적인 것만 갖춘 간결한 집이 더 여유로워 보일 수 있다. 집이 크다고 해서 삶의 질이 더 좋아지는 것은 아니다. 오히려 집이 클수록 관리하고 신경 쓸 일이 더 많아진다. 공간이 넓을수록 소유물도 그만큼 늘어나기 때문이다. 작아도 짜임새 있는 집은 살기에 편리하고 생활을 단순하게 해준다. 행복은 자기의 만족하는 마음에서 비롯된다. 적은 것으로 만족하는 사람은 삶의 뼈

대를 튼튼하게 만들어 어떠한 외부 환경에도 쉽게 흔들리지 않는다. 적은 것으로 만족하라는 것은 목표와 이상을 포기하며 살라는 말이 아니다. 꿈을 갖고 노력하며 살되 욕망의 노예가 되지 말고 현실에 집중하고 감사하며 살라는 것이다. 불필요한 것에서 벗어날 때 비로소 주변이 새롭게 보이고 내가 가진 것이 더 소중하게 느껴지기 때문이다. 작은 집에 산다고 해서 가난한 것은 아니다. 이는 자신의 경제력보다 한 단계 낮추어 살아갈 줄 아는 지혜이고 겸손함이다. 낭비하지 않고 가진 것으로 삶을 넉넉하게 채워 나갈 줄 아는 사람이 부유한 사람이다.

# 작은 집은
# 여유롭다

삶에 즐거움을 더해주는 집

　작은 집이라도 얼마든지 여유와 기쁨을 누리며 살 수 있
다. 작은 집은 규모에 알맞게 꼭 필요한 만큼만 갖게 되어 생
활이 더 간소해지고 편리해진다. 물건이 적으면 그만큼 공간
에 여유가 생긴다. 작은 항아리, 작은 화분, 혼자서도 쉽게 옮
길 수 있는 아담한 가구 등 살림에 필요한 몇 가지만 있으면
소꿉놀이하듯이 재미있게 살 수 있다. 또한 작아도 정갈한 집
은 조화로움과 절제미가 있다. 군더더기 없이 간결한 집은 사
람을 편안하게 해준다. 작아도 여유로운 공간에 있으면 보기
만 해도 마음이 한가로워진다. 아무것도 없는 방은 무엇을 들

이느냐에 따라 다용도로 활용할 수 있다. 오늘날의 집은 물건이 많은 것 보다 적을수록 우아해 보인다. 삶에 즐거움을 주는 것은 덩치가 큰 가구나 화려한 장식품이 아니라 새하얀 행주, 반짝이는 유리컵처럼 작은 것에 있다. 작아도 정갈한 집에는 기품이 있다.


작은 공간은 안정감을 준다.

　가끔 시골길을 지나다 보면 작은 통나무집이 눈에 띈다. 비나 눈이 내릴 때 그 안에 들어앉아 있으면, 아무런 방해도 없이 아늑함을 느낄 수 있을 것만 같다. 사람은 본래 작은 공간을 좋아한다. 다락방이나 작더라도 아무것도 없는 방에 있으면 마음이 편안해지는 것도 그 때문이다. 집은 사는 데 불편하지 않고 편안히 쉴 수 있으면 된다. 사람에게 적절한 공간은 4평이라고 한다. 따라서 4인 가족이 16평이면 불편함 없이 알맞게 살 수 있다. 새들이 둥지를 합리적으로 사용하듯이, 가족이 알콩달콩 화목하게 살면 작은 집은 문제가 되지 않는다. 안락함은 크고 화려한 것에 있는 것이 아니라 작고 소박한 것에서 느낄 수 있는 것이다. 집에는 사람이 사는데 필요한 최소

한의 것만 갖추면 된다. 그러면 불필요한 것에서 벗어나 여유
를 갖게 되고 살림에 더 충실할 수 있다.

적은 것으로 만족하라는 말은
꿈을 갖고 노력하며 살되
욕망의 노예가 되지 말고
현실에 집중하고 감사하자는 것이다.

## 마음이 부유한 사람은 어디에 살든 여유롭다

집 주위에 산이나 호수, 공원이 있으면 삶의 질이 더 높아진다. 언제든지 집을 벗어나 자연을 누릴 수 있기 때문이다. 날씨와 계절에 따라 바뀌는 풍경을 바라보면 마음이 편안해진다. 무엇이든 자신의 능력과 분수에 맞아야 한다. 집도 마찬가지다. 그래야 자기 자신에게도 남에게도 당당해질 수 있다. 자신만의 원칙 없이 다른 사람의 기준과 사회적 흐름에 휩쓸리면 겉만 화려하고 안은 텅 비어 평생 빚에 허덕이며 살게 된다. 이는 비단옷을 입은 노예와 다를 바 없다.

집에는 조리 공간이 있고 씻고 잠잘 공간이 있으면 된다. 마음이 여유로운 사람은 집의 크기에 연연하지 않는다. 도시에 살든 오두막에 살든 소박하고 간결하게 사는 방법을 알기 때문이다. 마음이 여유로운 사람은 집의 크기에 상관없이 즐겁게 산다. 행복한 삶은 소유물이 아니라 매 순간을 음미하며 깊이 있게 사는 데 있다. 충분함을 알고 가진 것을 얼마나 누릴 수 있느냐에 달려있다.

작은 집은 불필요한 비용을 줄인다

작은 집이란 '지금 내 형편에 알맞은 집'을 말한다. 남의 눈을 의식하지 않고 내 능력에 맞아야 안정적으로 살 수 있다. 경제력이 있으면서 작은 집에 사는 사람은 자존감이 높은 사람이다. 허세나 낭비를 싫어하고 실용적인 것, 가치 있는 것에 관심을 두기 때문이다. 과도한 대출금으로 감당하기 버거운 집은 살아가는데 짐이 된다. 주택담보대출은 원금에 이자까지 매월 나가는 돈이 만만치 않다. 대출금이 많을수록 집의 소유권은 은행에 더 기울어져 있고, 금리마저 오르면 봉급으로 생계를 꾸려나가는 사람은 경제적 부담감에 간이 콩알만 해진다. 한 달은 또 얼마나 빨리 다가오는지, 보이지 않는 손이 내 통장에서 돈을 빼가고 나면 또다시 잔고를 채우기에 바쁘다. 이렇듯 빚에 쫓기는 삶은 무리한 대출금에서 시작된다.

삶의 필수품 중에서 가장 많은 돈을 들여 장만하는 것이 집이다. 집을 줄이면 경제적 부담도 그만큼 줄어든다. 대출금의 부담을 안고 사는 것보다 작은 집에서 마음 편히 사는 게 더 현명한 방법이다. 크고 화려한 것은 그만한 대가를 치러야 하는 법이다. 빚을 줄이면 인생의 큰 걱정거리 한 가지를 줄일 수 있다. 결국은 시간이 많은 사람이 부자다. 가보고 싶은 곳을 가고, 해 보고 싶은 일을 하면서 살아야 후회 없는 삶이 된다. 소중한 것은 눈에 보이지 않는 것에 있다. 크고 화려한 집은 돈만 있으면 얼마든지 살 수 있지만 행복한 가정은 돈으로 살 수 있는 것이 아니다. 과중한 빚의 무게로 불안정하게 사는 것보다, 아담한 집에서 화목하게 사는 것이 더 안정적이고 행복하다.


## 작은 집의 장점

### 1. 경제적이다

대출이자, 세금, 공과금 등 비용이 적게 든다. 이는 시간이 지날수록 상당한 절감 효과가 있으므로 그 돈을 정말로 내가 원하는 다른 것에 쓸 수 있다.


### 2. 집안일이 쉽다

동선이 줄어들어 집안일이 수월해진다. 집이 크면 청소하는 데 30분 이상 걸리는 반면에, 작은 집은 10분 이내로 할 수 있어 에너지를 줄이고 시간도 벌 수 있다.

## 3. 적은 것으로 살 수 있다

공간이 좁기 때문에 물건을 현명하게 선택하게 된다. 따라서 정리가 쉽고 가진 것을 한눈에 파악하여 사용할 수 있다. 이는 적게 소유하며 사는 능력을 키워주고 그로 인한 만족감과 행복감이 더 커진다.

마음이 부유한 사람은
어떠한 환경에서도
만족하며 즐겁게 산다.

## 작은 집 넓게 쓰는 방법

### 1. 수납 도구를 두지 않는다

수납 도구가 때로는 집을 더 좁게 만들고 어지럽게 한다. 보자기나 광목천 주머니를 활용하면 공간을 더 넓게 쓸 수 있다. 감자나 양파 등을 천 주머니에 넣어 보관하고 쓰지 않을 때는 세탁해 보관해 두었다가 필요할 때 꺼내어 쓰면 된다.

옷을 보관할 때 리빙박스보다 보자기를 이용하면 자리를 적게 차지하므로 공간 활용에 효과적이다. 세탁물을 세탁기 안에 모아두면 바구니를 비울 수 있다.

### 2. 장식품은 제한을 둔다

소품을 모을 때는 재미있어도 개수가 점점 늘어나다 보면 어느 순간 처분하고 싶어질 때가 온다. 책장 한 칸을 정해놓고 그 이상은 늘리지 않도록 해야 소중한 공간을 지킬 수 있다.

### 3. 생필품은 다 쓴 후에 구매한다

집은 창고가 아니다. 휴지, 치약, 비누, 등은 마지막 한 개까지 다 쓰고 난 후에 구매하자. 가격이 싸다고 해서 대용량으로 사두면 이 역시 공간을 차지한다. 무엇이든 한계가 있어

서 일정량을 쓰는 데 그만한 시간이 필요한 법이다. 필요할 땐
언제든 바로 구입할 수 있으므로 불안해할 필요가 없다.

# 깨끗한 집은
# 풍요롭다

### 집이 깨끗하면 마음도 깨끗해진다

집은 곧 그 사람이다. 마음은 외부에 드러나고 외부 환경은 또다시 사람에게 영향을 주기 때문이다. 너저분한 집에는 부정적인 기운이 들어차고 이는 사람에게도 영향을 미친다. 이런 곳에서는 사람이 편안히 쉴 수 없을뿐더러 물질적 풍요로움도 기대하기 힘들다. 늘 머리가 아프고 짜증이 날 수밖에 없다. 시들어 방치된 화분, 쌓인 물건과 먼지는 삶이 정체되어 있다는 신호이다. 깨끗한 집은 긍정과 풍요의 기운이 감돌아 언제나 산뜻한 기분으로 살아갈 수 있게 해준다. 이는 불필요한 것에 한눈팔지 않고 온전히 삶에 집중하고 있음을 말해

준다. 티 하나 없이 모든 것이 있어야 할 자리에 놓여 있는 공간에 있으면 마음이 넉넉해지고 편안해진다. 정돈된 집은 질서가 있고 평온하다. 깨끗하게 산다는 것은 집착을 버리고 순수하고 아름답게 사는 것을 말한다. 집을 깨끗하게 유지하려면 치우는 습관이 중요하다. 주변을 늘 깨끗이 하는 사람은 어느 곳에 있더라도 항상 좋은 기운을 끌어들인다. 누구든지 자신이 어지럽힌 것은 스스로 치우고 정돈할 줄 알아야 한다. 그것은 먼저 자신을 대접하는 일이고 깨끗이 하는 일이기 때문이다.


## 물건에 집착하는 이유

물건에 집착하는 이유는 불안감이다. 자신이 부족하다고 느끼기 때문에 물건에 마음을 빼앗기고 볼 때마다 충동구매를 하게 된다. 물건은 곧 돈이다. 물건이 쌓여 있는 집은 지출에 대한 통제가 되지 않기 때문에 돈이 모일 수 없다. 충동구매로 들인 물건은 오래도록 사랑받지 못한다. 곧 싫증이 나고 방치되고 만다. 쉽게 사고 쉽게 버릴수록 그만큼 돈도 낭비된다. 물건에 집착하는 한 만족감은 영원히 맛볼 수 없으며 가난에서 벗어나기 힘들다. 물건에 집착한다면 자신을 들여다볼 필요가 있다. 사람은 자존감이 낮고 우울감이 높을수록 물건에 대한 의존도가 높다고 한다. 삶에 만족감이 적으면 상대적으로 소유한 물건이 적게 느껴진다는 것이다. 그러나 허전함은 물건으로 대신 채워지는 게 아니다. 백화점에 가서 쇼핑백을 가득 안고 집에 돌아온들 마음을 메우는 건 그보다 더한 상실감뿐이다. 불필요한 소비는 애정에 대한 결핍감을 어쩌면 물건이 대신 채워줄 거라는 환상에 불과하다. 하지만 의존할수록 마음은 더 공허해지는 법이다. 그것에서 진정한 가치를 발견하지 못하기 때문이다. 이는 마음의 결핍이 문제다. 살아가는 데 필요한 것은 이미 다 갖춰져 있기 때문에 약간의 물건만으로도 얼마든지 풍족하게 살아갈 수 있다.

## 정돈된 집은 안정감을 준다

인생을 바꾸는 가장 쉽고 빠른 방법은 치우고 정돈하는 일이다. 돈에 대한 통제권을 갖고 싶으면 지갑을 정리하고, 건강하게 살고 싶으면 냉장고 안을 정리하고, 하루를 활기 있게 보내고 싶으면 침대를 정돈하면 된다. 정리 정돈이 중요한 이유는, 잠자는 시간을 제외하고 사람은 끊임없이 활동하며 그에 따른 물건을 사용하는데, 그때마다 정돈하지 않으면 주변이 점점 어질러지고 혼란스러워지기 때문이다. 사람은 사소한 것으로 인해 화가 쌓이는 법이다. 정리 정돈은 모든 일의 기본이다. 너저분한 곳은 의욕이 떨어지고 무슨 일이든 하기 싫어진다. 누구나 학창 시절에 그런 기억이 한두 번쯤 있었을 것이다. 마음먹고 공부하려고 책상에 앉았는데, 책상이 어질러져 있어 치우다 보니 한두 시간을 낭비했던 기억 말이다. 평소에 물건을 제자리에 두고 책상 위를 정리하면 치우는 시간을 낭비하지 않고 바로 공부를 할 수 있다.

이렇듯 쓸고 닦고 정돈하는 일은 마지못해 하는 귀찮은 일이 아니라 삶에 활력과 질서를 주는 대단히 중대한 일이다. 깨끗하면 안정감이 생기고 그러면 무슨 일이든 집중해서 잘할 수 있기 때문이다. 우아한 집은 값비싼 가구나 카펫이 깔린 집이 아니라 말끔하게 정돈된 집이다. 머리빗이나 손톱깎이 하나라도 제자리에 정돈되어 있으면 쓸 때마다 기분이 좋아진다. 정돈된 곳에서는 안정감을 느끼게 되고 무슨 일이든 집중해서 잘하게 된다. 몸을 돌보고 움직이는 사소한 일이 최상으로 유지될 때 생활에 균형이 잡히고 삶의 만족감도 높아진다.

청소를 쉽게 하는 방법

## 1. 바닥에 아무것도 두지 않기

치우고 닦는 일이 쉬워야 재미있게 할 수 있다. 바닥에 물건이 어질러져 있으면 청소할 때마다 치워야 하므로 힘들고 귀찮아진다. 아무것도 없으면 가벼운 마음으로 언제든 바로 청소를 시작할 수 있다. 매일 아침저녁으로 청소를 하면 시간을 많이 들이지 않고도 늘 깨끗한 집을 유지할 수 있다.

## 2. 물건에 자리를 만들어 주기

모든 물건이 제 자리에 있는 것만으로도 정돈된 효과를 낼 수 있다. 쓰고 난 후에는 꼭 제자리에 놓는 습관을 들여야 한다.

간결한 집

공간에도 마음에도 여유가 생겨야 가볍게 살아갈 수 있다. 간결한 집을 원한다면 불필요한 것을 모두 치워버리겠다는 마음가짐으로 살아야 한다. 나사못 하나에서부터 덩치 큰 물건에 이르기까지 군더더기를 모두 제거하면 필수적인 것만

남는다. 가구는 식탁, 소파, 침대, 서랍장이 각각 하나씩 마련되면 그 이상은 필요가 없다. 장식은 피로감을 유발한다. 집안을 꾸미려고 들여놓은 물건이 오히려 거추장스럽게 하고 예쁜 쓰레기가 되는 경우가 더 많다. 걸레질할 때마다 들어내야 하고, 쓰러지고 떨어지는 잡동사니는 모두 치워버려야 한다. 최고의 장식은 아무것도 없는 것이다. 살아가는 데는 장식물이 필요치 않다. 창문이나 방문, 조리대가 이미 실용적인 장식물이기 때문이다. 아무것도 없어야 사람이 편하게 쉬고 활동할 수 있다.

## 1. 현관

현관은 집의 첫인상이기 때문에 더더욱 신경써서 관리해야 한다. 현관이 깨끗하면 드나들 때마다 기분이 좋아진다. 그러면 집 밖에서든 안에서든 유쾌하게 보낼 수 있다. 젖은 우산은 말려서 제자리에 들여놓고, 택배 상자나 신발이 어지럽게 늘어서 있지 않도록 가지런히 정돈하자. 신발을 벗자마자 바로 신발장 안으로 들여놓는 습관을 들이는 것만으로도 현관을 깨끗하게 유지할 수 있다. 또한 바닥에 먼지가 쌓이지 않도록 매일 쓸고 닦아야 한다.

## 2. 거실

거실은 가족 모두를 위한 공간이므로 편안히 쉴 수 있도록 늘 정돈되어 있어야 한다. 가구를 최소한으로 두면 넓어 보이는 효과가 있다. 소파와 탁자, 작은 수납장 그리고 화분을 두어 개 놓으면 생기 있고 아늑한 공간이 된다. 식탁을 활용하면 거실용 탁자가 없어도 되므로 더 넓게 쓸 수 있다. 식탁 의자나 소파 위에 옷을 걸쳐두지 말고 리모컨이나 자잘한 물건은 보이지 않게 수납해야 시야가 넓어지고 정돈돼 보인다. 거실이 너저분하면 볼 때마다 치워야 하는 부담감에 마음 편히 쉴 수 없고 마음 한편에 늘 때가 낀 것 같은 불편함이 있다. 아무것도 없어야 머리가 맑아지고 온전히 쉴 수 있다. 사용한 물건은 반듯하게 두도록 하자. 탁자 위에 책 한 권을 올려 두더라도 가지런히 놓아야 한다. 물건을 오래도록 사용하려면 소중히 다루고 항상 제자리에 두는 습관을 가져야 한다. 화초를 가꾸며 거실을 깨끗하게 유지하는 것은 나와 가족을 보살피는 일이다.

## 3. 침실

침실에 있어야 할 것은 침대뿐이다. 침대가 없더라도 요와 이불 하나면 충분히 숙면을 할 수 있다. 숙면을 방해하는 것은 모두 치워버리자. 하루의 시작은 무엇보다 편안한 잠자리에서 시작된다. 그러므로 좋은 침구를 준비하자. 커튼으로 빛을 차단하면 숙면에 도움이 된다. 침실의 환경이 중요한 이유는 뇌가 충분히 쉬어야 하루 동안 쌓인 피로와 스트레스를 해소할 수 있기 때문이다. 일어나면 침대부터 정리하자. 그래야 그날 하루의 일을 해낼 수 있는 힘이 생긴다. 정돈된 침대는 아무리 힘든 하루를 보내고 집에 오더라도 언제나 주인을 상쾌하게 맞이해 준다.

## 4. 욕실

몇 년 전 사이판으로 가족여행을 다녀온 적이 있다. 그때 우리가 묵었던 호텔 로비의 화장실은 매우 인상적이었다. 흰 벽과 은은한 조명, 그리고 몇 송이의 꽃 외에 아무것도 없는 그 공간에서 매우 기분 좋은 에너지가 느껴졌다. 욕실은 피로를 씻어내며 몸을 깨끗하게 해주는 곳이다. 집안에서 가장 깨끗해야 할 곳은 바로 욕실이다. 물때나 곰팡이가 쉽게 생길 수 있고 물기가 있으면 바닥이 미끄러워 넘어질 수도 있기 때문이다. 물기만 닦아내도 욕실은 깔끔해진다(물기를 닦는 용도의 마른 수건을 마련해 놓는다). 건식으로 사용하면 욕실화도 필요가 없다. 칫솔과 치약, 샴푸를 쓰고 난 후에는 물기를 닦아 수납장 안에 넣어둔다. 변기는 매일 닦고 뚜껑은 꼭 닫아두어야 위생적이고 보기에도 좋다.

### 5. 주방

조리대 위에 아무것도 없으면 요리가 저절로 하고 싶은 주방이 된다. 식사 후에는 즉시 설거지를 하고, 그릇의 물기를 닦아 수납장 안으로 들여놓아야 깔끔하다. 조리도구를 최소한으로 두면 에너지를 많이 소비하지 않고 즐겁게 일할 수 있다. 나는 감자 칼이 없어도 음식을 하는데 아무런 불편함을 못 느낀다. 커피머신 대신 광목천에 커피를 내리고, 채소 다지기 대신 도마와 식도만 있으면 어떤 요리든 쉽게 할 수 있다. 주방 기구가 늘어나면 자리를 차지하게 되고, 그것을 씻고 말리고 보관하는데 많은 에너지를 쓰게 된다. 벽면에 주렁주렁 걸려 있는 조리도구들은 보기만 해도 피곤해진다. 우리는 지금 물건의 홍수 속에 살고 있다. 생활의 편의를 더해준다는 명목으로 판매하는 각종 광고 마케팅의 유혹에 넘어가면 안 된다.

사는 것은 쉽지만 집에 들인 물건은 이내 한자리를 차지하게 된다. 나는 레몬 스퀴저 대신 숟가락으로 즙을 내서 사용한다. 아무리 사이즈가 작더라고 물건을 사면 주방 서랍이 또 좁아지기 때문이다. 채소즙을 낼 때는 녹즙기 대신 믹서로 갈아 면포를 이용하면 된다. 조리도구를 완벽하게 갖추지 않아도 큰 불편함 없이 요리할 수 있다. 사람은 많이 가지고 있을 때보다 부족할 때 창의력을 더 발휘할 수 있다.

주방은 각종 도구와 불을 사용하는 곳이므로 늘 안전에 유의해야 한다. 조리할 때는 자리를 비우지 말고, 설거지나 요리를 할 때는 되도록 소리가 나지 않도록 집중해야 한다. 칼, 가위 등 날카로운 물건은 사용한 후 즉시 마른행주로 닦아서 수납장 안에 넣어 두도록 한다.

장을 보러 가기 전에는 냉장고 안을 점검해서 식재료를 낭비하지 않도록 한다. 구매 목록을 메모하면 충동구매를 줄일 수 있다. 싸다는 이유로 양이 많은 것을 사기보다는 먹을 만큼 사는 게 더 경제적이다. 예를 들어 1인 가구의 경우 수박이 각각 한 통에 2만 원, 반 통에 만 2천 원이라면 혼자서 먹을 양을 사는 게 더 경제적이다. 많이 사서 버리게 되면 그게 더 낭비다. 배가 고플 때 장을 보면 많이 사게 되므로 주의한다. 냉장고는 음식과 식재료를 잠깐 보관하는 용도로만 사용하고 일주일 이상 지난 음식은 정리해야 한다. 마른 헝겊에 레몬 식초수를 묻혀 닦으면 냉장고 안을 늘 청결하게 유지할수 있다. 간결한 주방은 곧 주부의 얼굴이며 가족의 건강에도 영향을 미친다.

간결한 주방 만들기

1. 팬(일반용/볶음용), 냄비(대/중/소) 한 개씩, 주걱, 국자, 뒤집개, 거품기, 가위, 집게 등 각각 한 개씩 구비한다. 수저와 그릇은 각각 가족 수대로 구비 한다. 접시 하나에 음식을 담아 먹으면 설거지 개수를 줄일 수 있다. 무거운 그릇은 하부장에 보관하고, 자주 사용하는 도구는 동선에 따라 사용하기 편리하게 수납한다.

2. 개수대 안에는 식기 건조대 외에는 아무것도 두지 않도록 한다. 고무장갑, 세제, 수세미는 사용 후 물기를 말려 개수대 아래 수납장에 보관한다.

3. 식재료는 구입 후 손질하여 잘게 나눠 놓으면 찾기가 쉽고 조리 시간도 단축할 수 있다.

옷장1. 옷은 나를 위해 입는 것이다.

　좋은 옷은 입을 때마다 마치 내 피부의 일부분인 듯 편안하고 기분 좋게 해주며, 닳아서 더 이상 못 입을 때까지 입게된다. 그러므로 신중하게 구매하여 오래도록 입자. 되도록 계절에 영향을 받지 않고 입을 수 있는 옷을 고르자. 철마다 사지 말고 유행을 멀리하자. 옷은 남에게 보이기 위해서가 아니라 나를 위해 입어야 한다. 때와 장소에 알맞게 편안하고 보기에 좋은 옷이면 된다. 너무 조이거나 헐렁한 옷은 피하도록 한다. 몸에 잘 맞아야 활동하기 편하고 피로감도 줄일 수 있다. 옷차림은 자신을 드러내는 것이므로 손에 잡히는 대로 아무렇게나 입어서는 안 된다. 단순하면서 사치스럽지 않게, 우아하고 품위 있게 입어야 한다.


옷장 2. 유행하는 옷은 낭비다.

　광고는 우리가 입고 있는 옷을 촌스럽게 만들어 소비를 부추긴다. 무턱대고 유행을 따르다 보면 옷은 점점 늘어나기 마련이다. 그러다 보면 내가 옷을 입는 것이 아니라 옷이 나를 입게 된다. 어깨선이 아래로 내려와 있는 오버핏 스타일의 티셔츠를 사면 그런 스타일의 코트를 사 입게 만드는 게 유행이다. 좋은 옷이란 나를 돋보이게 해주는 옷이다. 기본적인 옷으로 깨끗하고 단정하게 입었을 때 우아하고 세련된 멋을 낼 수 있는 것이다. 세련된 패션은 자기만의 스타일을 갖는 것이다. 사람은 옷걸이가 아니기 때문에 체형에 따라 피부색에 따라 어울리는 옷이 제각각 다를 수밖에 없다. 그렇기 때문에 신중하게 선택해야 한다. 개성적인 사람은 유행에 흔들리지 않는 수수한 멋을 즐길 줄 안다.

## 옷장 3. 옷을 간소화하면 비용을 줄일 수 있다

몸이 아름다운 사람은 청바지에 티셔츠만 입어도 멋스럽다. 사람을 돋보이게 하는 것은 화려한 패션에 있는 것이 아니라 맑은 피부와 미소, 바른 자세와 우아한 몸가짐에 있다. 옷을 구입할 때는 직접 매장에 가서 입어보고 신중하게 골라야 한다. 소재나 패턴을 꼼꼼히 살펴보고 두껍고 무거운 것보다는, 가볍고 통기성이 좋은 것으로 구매해야 오래도록 입을 수 있다. 너무 눈에 띄는 색이나 무늬가 있는 옷보다 무채색의 옷이 활용도가 더 높다. 화이트와 블랙은 어느 옷에든 다 잘 어울린다. 그 외 베이지나 그레이, 파스텔톤의 옷을 몇 벌 갖추면 단조로움을 피할 수 있다. 패턴이 복잡한 것보다 단순한 옷이 활동하기에 편하고 싫증 내지 않고 오래 입을 수 있다. 옷이 많을수록 그에 따른 구색을 맞춰야 하기 때문에 비용과 에너지를 낭비하게 된다. 옷이 적으면 무얼 입을지 고민하지 않아도 되고 시간도 절약할 수 있다.

셔츠와 청바지는 단순하고 세련된 스타일이다. 화이트 셔츠는 어떤 옷과도 잘 어울리며 단정하고 우아한 멋을 내준다. 무심한 듯하지만 신경 써서 차려입은 느낌을 주기 때문이다(요즘 말로 꾸안꾸 스타일이다). 간절기에는 셔츠 위에 카디건이나 재킷을, 겨울에는 코트를 덧입으면 계절에 맞게 활용할 수 있다. 이렇게 옷을 단순하게 입으면 인생의 복잡한 문제를 한가지 덜어낼 수 있다. 옷을 간소화하자. 보풀이 일어나고, 피부가 따갑고, 소매가 끼어 불편한 옷은 모두 버리자. 바닷가에서나 어울리는 요란한 무늬의 옷들도 버리자. 세일할 때 집어왔던 애매모호한 색상의 블라우스도 버리자. 중요한 일은 아예 그런 옷을 사지 않는 것이며 이보다 더 현명한 방법은 쇼핑몰에 가지 않는 것이다. 세일하는 옷은 디자인이나 소재, 색상 중 한 가지가 실패한 옷이다. 실용성이 떨어지므로 누구에게도 선택받지 못한 옷이기 때문이다. 꺼낼 때마다 피로감을 유발하는 틈 없이 빽빽한 옷장에서 벗어나자. 옷도 숨을 쉬어야 한다. 애매한 옷은 모두 버리고 오래도록 입을만한 코트 한 벌을 가지라. 무거워서 어깨를 짓누르는 옷 대신 비싸더라도 좋은 옷 한 벌이 더 경제적이다.


옷 줄이기

### 1. 스카프

스카프를 활용하면 목 티셔츠가 없어도 된다. 실크 스카프는 보온성이 뛰어나고 부피가 적어서 휴대하기에도 간편하다. 실내에서는 벗어서 가방에 넣어두면 된다.


### 2. 투피스

원피스보다 기본 스타일의 스커트에 상의를 다양하게 매치하면 여러 벌의 효과를 낼 수 있다.


### 3. 얇은 옷

두꺼운 옷 한 벌 입는 것보다 얇은 옷 두세 벌을 겹쳐 입는 게 더 따뜻하다. 얇은 옷은 세탁과 건조가 쉽고 공간을 적게 차지한다. 셔츠, 조끼, 카디건 등은 활용도가 좋은 옷이다.

## 4. 바지

조이는 바지보다 조금 낙낙한 크기로 입으면 활동하기에도 편하고 겨울에는 내의를 입을 수 있어 효율적이다. 검은색, 회색, 청색 톤을 입는다. 하의는 짙은 색상, 상의는 흰색이나 베이지 계열로 입으면 안정적으로 보인다.

### 집을 깨끗하게 유지하는 방법

### 1. 사지 않기

어떻게든 가진 것으로 살아간다. 그래야 더 이상 집이 좁아지지 않고 여유롭게 살 수 있다. 없으면 살아가기 힘들 정도로 꼭 필요한 것은 우리가 이미 다 가지고 있다. 만약에 밥을 지을 냄비나 밥솥이 없다면 곧바로 나가서 사 올 것이기 때문이다. 이가 없으면 잇몸으로 살라는 말이 아니라 필수품만으로 간결하게 살아가자는 말이다.

얼마 전 이사하면서 나는 짐을 더 줄였다. 잘 쓰지 않는 자잘한 물건들을 버리면서 더 이상 물건을 사지 않기로 마음먹었다. 하지만 집이 조금 더 넓어지자 물욕이 스멀스멀 다시 올라오는 것이었다. 반닫이를 사려고 수십 번을 더 고민하다가 이내 마음을 돌렸다. 그게 없어도 사는 데 아무런 불편함이 없을뿐더러 물건이 늘어나면 집이 다시 좁아지기 때문이다. 또 한 가지 이유는 자녀에게 짐을 물려주고 싶지 않기 때문이다. 물건은 사는 것도 힘들지만 버릴 때도 굉장히 많은 에너지가 소모된다. 그래서 물건을 살 때는, 버릴 때를 고려해서 신중하게 들여야 한다.

## 2. 버리기

버리는 일에도 용기가 필요하다. 버리는 일이 마음처럼 쉬운 일은 아니다. 버릴 때마다 낭비하는 것 같은 생각으로 죄책감이 들 수도 있다. 그러나 쓰지 않는 물건을 안고 사는 게 더 낭비다.

'버리기 노트'를 활용하면 버리기가 훨씬 쉬워진다. 우선 100개를 목표로 적고, 하루에 한 개씩 버리면 된다. 먼저 숫자를 쓰고 버릴 물건, 이유, 대체품목을 적는다. 그리고 버릴 물건 없이 살면 어떨지 생각해 보고, 모델하우스처럼 넓고 환한 내 집을 상상하면 물건을 버리는 게 더 쉬워진다. 그렇게 해서 100일이 지나면 집안이 눈에 띄게 깨끗해질 수 있다. 버리면 큰일 날 것 같아도 아무 일도 일어나지 않는다. 버리기가 망설여지면 '버리면 좋은 일이 생길 거야'라고 자신에게 말해주자. 1년 이상 쓰지 않은 것, 피로감을 유발하는 것, 과거에 집착하고 현재에서 멀어지게 하는 것, 언젠가 쓰려고 모아둔 물건 등은 모두 버려야 한다.

### 3. 받지 않기

다른 사람이 주는 물건을 함부로 집에 들여서는 안 된다. 다른 사람에게 필요 없다면 나한테도 필요 없는 것이다. 버려진 물건도 절대 집안에 들여선 안 된다. 왜냐하면 물건마다 고유의 파동이 존재하는데 이는 사람에게 고스란히 전달되기 때문이다. 버려지는 물건은 이미 제 몫을 다한 물건이기 때문에 겉은 멀쩡할지라도 결코 좋은 에너지를 줄 수 없다. 사은품도 받지 않는 게 좋다.

### 4. 최고의 것을 선택하기

적게 소유하며 살라는 말은 빈한(貧寒)하게 살라는 것이 아니라, 필요한 것을 소유하되 가장 좋은 것을 선택하라는 말이다. 그러면 최상의 것만을 갖춘 집이 되기 때문이다. 공간에 꼭 있어야 할 것만 놓여 있으면 그것의 존재감이 더 살아난다.

비용이 더 들더라도 그릇이든 가전제품이든 수건이든 사람을 편안하게 해주고, 쓸수록 기분을 좋게 해주는 실용적인 물건을 선택하자. 나무의 결이 그대로 살아있는 통나무 탁자는 볼 때마다 마음을 편안하게 하고 찻잔을 돋보이게 한다.

## 5. 유지하기

깨끗한 집을 유지하려면 물건이 늘어나지 않도록 항상 경계를 늦추지 말아야 한다. 또한 쓰지 않는 물건이 없는지 수시로 점검하고 확인해야 한다. 망가진 물건은 바로 고치거나 버리고, 지저분한 벽지는 닦고, 수명이 다한 전등은 교체하는 등 노후되고 갈라진 곳은 미루지 말고 바로 수리하도록 한다.

## 6. 물건마다 적당한 거리를 두기

가구는 벽에서 최소 5cm 이상 떼어 간격을 둔다. 이 경우 습도를 조절하고 먼지가 끼는 것을 예방해 따로 청소를 하지 않아도 된다. 마찬가지로 물건과 물건 사이에 간격을 두면 꺼낼 때 옆의 물건을 건드려 떨어지거나 흐트러지는 것을 막을 수 있다. 무엇보다 기의 흐름이 원활해져 돈과 에너지에 좋은 영향을 줄 뿐만 아니라 정돈된 느낌이 들고 보기에도 편안하다. 명품 매장의 물건이 더 좋아 보이는 것은 먼지 한 올 없는 깨끗함과 여백 그리고 진열의 힘이다.


## 7. 환기하기

최소한 하루에 두 번, 30분 이상 창문을 열어 환기해야 한다. 집안 공기를 바꾸어 주면 실내 오염물질을 줄이고 온도와 습도를 조절해 집안을 쾌적하게 유지한다.

음식

3부

# 과식보다 소식

음식은 생명이다

사람은 먹고 마시며 활력과 생기를 얻는다. 사람의 건강과 생명을 유지해 주는 것은 오로지 음식뿐이다. 음식은 생명체가 필요로 하는 모든 것을 갖추고 있으며 몸을 보해주고 신진대사를 올바르게 해준다. 음식은 우리가 살아가는데 필수적인 에너지의 원천이 된다. 뇌와 심장을 비롯한 인체의 기관과 세포는 음식을 통해 필요한 영양과 에너지를 공급받기 때문이다. 음식을 먹지 않으면 우리는 활동할 수 없고, 생명도 유지할 수 없다. 음식은 그 자체로 생명을 가진 것이다. 그렇기 때문에 과하게 먹는 것은 결국 생명을 해치는 행위가 된다. 모든 것은 서로 연결되어 있기에 자연의 담백한 것으로 몸에 필요한 만큼만 먹을 때 생명에 유익하다.

## 과식은 몸을 상하게 한다

우리는 가공식품과 외식산업이 만들어낸 자극적인 음식이 넘쳐나는 시대에 살고 있다. 세계의 진미식품이 마트의 진열대 위에 가득하고, 먹고 싶은 음식이 문 앞까지 배달되며, TV에는 맛집과 먹는 방송이 우리의 감각을 자극한다. 이러한 환경에서 음식을 분별하고 절제할 줄 모른다면, 몸은 점점 비대해지고 건강에서 점점 멀어질 수밖에 없다.

과식은 비만을 만들고, 이는 만병의 근원이 된다. 미식과 과식은 모두 탐욕에서 비롯되며 무절제한 식습관은 몸을 상하게 하고 오랜 시간에 걸쳐 병을 만든다. 식탐은 위장을 늘려 과식습관을 만들어 적당량을 먹어도 포만감이 무뎌지기 때문이다. 거울 앞에서 자신과 마주해보자. 칙칙한 피부, 과체중과 복부비만은 과식으로 인해 생긴 것이며 이는 내면세계와 밀접한 관계가 있다. 스트레스나 공허함, 먹는 양을 조절하지 못하는 자제력 부족의 여러 가지 요인이 복합적으로 작용한 결과이다.

과식을 피하려면 이 음식이 내 몸에 어떠한 영향을 끼칠 것인지, 그리고 이 음식을 왜 먹는지 생각을 해야 한다. 맛있으니까, 심심하니까, 힘들게 일한 보상으로, 거절하지 못해서 먹는 음식이 되어서는 안 된다.


## 비만은 병이다

살이 찌는 원리는 소비량보다 섭취량이 많기 때문이다. 특히 칼로리가 높은 음식이 풍부한 데 비해 활동량이 적은 생활환경이 비만의 증가를 초래하고 있다. 세계보건기구는 비만을 장기 치료가 필요한 질병으로 규정하였다. 따라서 비만은 인류가 극복해야 할 중요한 질병 중 하나이다. 비만으로 얻을 수 있는 것은 몸만큼이나 무거운 마음이다. 비만은 우울감, 불안감, 낮은 자존감 등 삶의 긍정적인 에너지보다 부정적인 요소를 끌어들인다. 비만이 단순히 미관상 후덕하게 보이는 것으로 그친다면 사는 데 그리 큰 문제가 되지는 않을 것이다. 그러나 당뇨병, 심혈관계 질환 등 건강에 치명적인 합병증을 유발하기 때문에 반드시 개선해야 할 문제다.

### 비만을 개선하려면 먹는 양을 줄여야 한다

단기간에 살을 빼기보다는 먹는 양을 서서히 줄이고 활동량을 늘려야 한다. 단기간에 체중을 줄이다 보면 스트레스를 받아 폭식할 수도 있기 때문이다. 외식을 줄이고 먹는 양을 줄이면 체중은 서서히 줄어든다. 평소에 적정량을 먹으면 굳이 다이어트를 할 필요가 없다. 체중을 한 달에 5kg을 줄이기는 힘들지만 500g을 줄이기는 쉽다. 그러면 1년 동안 6kg을 줄일 수 있다. 더 먹고 싶은 한 숟가락의 욕심을 버려야 한다. 살은 야금야금 서서히 찐다. 다음 끼니에 먹을 수 있다고 생각하면 식탐을 버리는 데 도움이 된다. 주로 계단을 이용하고 빠르게 걷는 습관을 들이면 시간을 따로 내지 않아도 충분히 운동 효과를 볼 수 있다.

### 과식은 낭비다

과식은 식비, 다이어트 비용, 여기에 병이 들면 병원비까지 부담해야 하므로 여러모로 낭비가 아닐 수 없다. 필요 이상으로 음식을 많이 먹으면 소화기관은 그것을 분해하고 흡수시키느라 에너지를 낭비하게 된다. 이는 결국 인생의 낭비나 다름없다. 과식은 자신에게 패배감과 죄책감을 안겨준다. 이는 스스로에 대한 예의가 아니며 마음의 허기를 음식으로 대신 채우려는 행위와 다름없다. 음식을 절제하지 못하는 것은 삶의 주도권을 식탐에 빼앗긴 것과 같다. 배가 불러도 계속 먹는 것은 자연의 본성에도 어긋나는 것이다. 우리는 본능적으로 어느 정도에서 식사를 멈춰야 하는지 알고 있다. 식탐에서 벗어나려면 음식을 먹을 때마다 집중하고 감사하는 마음으로 먹어야 한다.

### 몸의 반응에 깨어 있어야 한다

소화불량, 두통, 피로감, 졸음, 무기력감 등은 모두 과식했을 때 나타나는 현상으로 몸에 과부하가 왔음을 알려주는 신호이다. 과식을 피하려면 몸이 보내는 신호에 따르며 민감하게 깨어 있어야 한다. 배고픔은 몸에 연료가 떨어졌다는 신호이며, 포만감은 허기를 채웠으니 식사를 멈추라는 신호이다. 포만감의 정도를 의식하면 먹는 양을 조절할 수 있다.

만약 우리 몸이 투명하다면 과식으로 늘어난 위장에, 자극적인 음식으로 인한 상처와 이상세포의 증식으로 생긴 종양을 직접 볼 수 있을 것이다. 그런 몸속의 무질서한 포화 상태를 보면 누구든지 당장 먹는 일에 주의를 기울이게 될 것이다. 우리 몸은 난로와 같다. 뜨거우면 화상을 입는 것과 마찬가지로 과식은 몸이 제 역할을 감당하지 못하게 한다. 적당량의 음식이 몸에 순기능을 한다. 자동차에 80퍼센트의 연료를 채웠을 때 가장 효율적인 주행을 할 수 있듯이 몸도 마찬가지로 배부르지 않은 적당한 상태가 활동에는 가장 이상적이다.

TV나 전화기를 보면서 음식을 먹으면 포만감을 의식할 수 없어 많이 먹게 된다. 그러므로 몸의 소리에 귀를 기울이고 포만감이 아닌 허기가 충족되면 식사를 멈춰야 한다. 이는 가장 자연스러운 식사법이고 건강을 지키는 현명한 방법이다. 여럿이 먹으면 식사량을 알 수 없으므로 먹을 만큼 한 접시에 따로 담아 먹도록 한다. 또한 소화에 도움을 주기 위해서는 입안의 음식이 죽의 형태로 될 때까지 씹어야 한다. 먹은 지 20분이 지나야 포만감을 느낄 수 있으므로 되도록 천천히 먹도록 한다.

## 장수의 비결은 소식이다

장수란 병이 없이 건강하게 오래 사는 것을 말한다. 장수하는 사람들을 보면 대부분 날씬한 몸매를 가지고 있다. 이들의 특징은 소식하는 습관과 긍정적인 태도, 부지런함을 꼽을 수 있는데, 이를 통해 음식을 적게 먹고 많이 움직이는 것이 장수 비법의 하나임을 알 수 있다. 그러므로 건강 유지 비결은 각종 보양식과 영양제가 아니라 소식에 있다. 소식은 몸을 편안하게 해준다. 이는 세포를 비롯한 모든 기관이 정상적으로 유지되고 있음을 말해준다. 음식을 적게 먹으면 소화에 무리를 주지 않기 때문에 에너지 효율성이 극대화된다. 또한 몸이 가벼워지고 피로감도 현저히 줄어든다. 이는 몸에서 필요한 양만을 흡수하므로 활성산소의 양이 줄어들어 노화 방지에도 도움을 준다.

노화는 정상적인 신체 변화이다. 나이가 들면 병이 드는 것을 당연한 것으로 여겨선 안 된다. 몸의 기능이 떨어지는 것은 질병과는 무관한 노화의 한 특성일 뿐이다. 몸이 둔화하는 것은 병이 아니다. 나이 들수록 활동량이 줄어들고 호르몬 분비와 기초대사량이 감소하기 때문에 이에 따라 먹는 양도 줄여야 한다. 배가 부르지 않게 조금씩 먹는 습관을 들이면 나잇

살을 예방하고 건강을 지킬 수 있다. 신체의 변화에 따라 자연스럽게 먹으면 몸이 가벼워질 뿐만 아니라 마음에도 평온함을 준다. 적게 먹을수록 몸은 새털처럼 가벼워지고 의식은 더 또렷해지는 것이다. 이와 더불어 음식에 대한 욕심과 집착을 버림으로써 삶의 여러 가지 문제에 유연하게 대처할 수 있게 된다. 몸과 마음의 순기능을 돕는 비법 그것은 소식에 있다.

### 공복은 몸을 정화한다

과학적으로 현존하는 최고의 건강비법은 소식이라고 한다. 적당량을 먹는 것만으로 생기와 활력을 유지할 수 있다면 단순하고 효율적인 건강비법이라 할 만하다. 적게 먹는 것은 자기 존중의 태도에 달렸다. 이는 몸을 위한 소박하고 지혜로운 식습관이며 돈과 시간 등 모든 면에서 경제적이다. 끼니가 되어도 배가 고프지 않으면 굳이 음식을 먹지 않아도 된다. 인체의 복잡한 기관과 그에 따른 메커니즘을 이해하지 못하더라도 적게 먹어야 속이 편안하고 몸에 좋다는 것은 건강상식이다.

공복은 몸을 정화한다. 자연의 동물은 몸이 불편해지면

음식을 먹지 않고 몸에 휴식을 줌으로써 병을 고친다. 본능적으로 굶으면 낫는다는 것을 알기 때문이다. 우리 몸도 마찬가지로 위장을 비우면 가장 효율적인 방법으로 에너지를 사용하고, 그 과정에서 몸속의 노폐물이 제거되는 효과가 있다. 염증을 동반한 병든 조직이 제거된 자리에는 건강한 새 조직이 생성된다. 그러면 인체의 모든 기능이 원활해지고 면역력을 강화해 스스로 몸을 단련하는 효과를 얻을 수 있다.

### 비워내면 치유된다

어느 책에서 읽은 한 구절이 생각난다. 불치병에 걸린 한 사람이 삶을 포기하고 단식을 하다가 병이 나았다는 이야기다. 실제로 단식은 몸속의 불필요한 지방을 연소시키고 노폐물을 배출해 신진대사를 극대화한다. 음식을 먹지 않으면 몸에 축적된 영양소를 꺼내어 쓰기 때문에, 소화기를 비롯한 기관이 온전히 쉴 수 있어 몸의 균형을 되찾게 한다. 그래서 몸이 가벼워지고 정신도 맑아지는 효과를 얻을 수 있다.

식사 때는 배의 80퍼센트만 채우면 의사가 필요 없다는 말이 있다. 배가 부른 후에 수저를 놓으면 위장에는 음식물이 이미 120퍼센트가 된다고 한다. 과하거나 넘치는 것은 자연의 섭리에도 어긋나는 것이다. 과하면 결국 탈이 나게 마련이다. 인생의 모든 것이 그렇듯이 절제하지 못하는 데서 문제가 발생한다. 음식을 절제할 수 있는 사람은 삶의 다른 영역을 자신의 의지대로 다스릴 수 있는 능력이 있으므로 성공할 수밖에 없다. 따라서 음식이 운명을 좌우한다는 말은 진리이다. 몸이 무거운 사람은 단식을 통해 몸을 재정비할 수 있다. 일주일에 하루 또는 한 끼만이라도 단식하면 에너지 효율성을 극대화하므로 몸이 쉴 좋은 기회가 된다. 이를 통해 얻을 수 있는 것은 비움의 철학이다. 몸이든 마음이든 비워낼 때 치유되기 때문이다.

마음을 편안하게 하고
몸의 순기능을 돕는 비법
그것은 소식(小食)에 있다.

소식의 비법

### 1. 작은 그릇으로 바꾼다.

작은 그릇은 음식량이 많아 보이는 효과가 있으므로 적게 먹는 데 도움이 된다.

### 2. 식전에 생수 반 컵, 과일 채소를 먹는다.

과일이나 채소를 먹으면 포만감이 생겨 음식의 양을 줄이는 데 도움을 준다.

### 3. 오래 씹기

음식을 입에 넣은 다음 수저를 내려놓고 명상하듯이 천천히 씹어 먹으면 적은 양으로도 포만감을 준다.

### 4. 종이에 '배부르지 않게 먹기'라고 쓴 다음 보이는 곳에 붙여놓는다.

먼저 의지가 있어야 의식적으로 먹을 수 있고 절제할 수 있다.

# 가공식품보다 자연식

입이 아닌 배를 위한 음식을 먹어야 건강하다

가공식품은 중독성이 있다. 향미를 증진케 하는 여러 가지 첨가물이 있어 한 번 맛을 보면 계속 먹게 된다. 양념이 진한 음식을 먹다 보면 자극적인 맛에 익숙해져 재료 본연의 맛에는 둔해지는 것도 이 때문이다. 자극적인 맛에 길들지 않으려면 담백한 음식을 먹어야 한다. 음식은 입을 만족시키기 위한 것이 아니라 몸을 위해 먹는 것이다. 입에서 맛있는 것 대부분은 몸에 해롭기 때문이다. 가공식품을 먹고 나면 기분이 그리 유쾌하지 않은 것이 이를 입증함을 본능적으로 알 수 있다.

자연식이야말로 입이 아닌 배를 위한 음식이다. '자연식'

이란 방부제, 향미증진제, 인공색소 등 여러 가지 첨가물이 들어있지 않은 것을 말한다. 그래서 맛은 심심할지라도 깊은 맛이 있으며 기분을 좋게 하고 속을 편하게 한다. 자연의 동물은 자연식으로 허기가 충족되면 더 이상 먹지 않는다. 그래서 병이 없다.

우리도 자연식을 하면 질병 없이 건강하게 살 수 있다. 우리의 몸이 자연이기 때문에 자연식이 몸에 좋은 것은 당연하다. 그러므로 입에서 달콤한 음식을 먹지 말고 배를 위한 음식을 먹어야 한다. 음식은 맛을 탐하기 위한 것이 아니라 허기를 채우기 위한 것이다. 자연의 모든 것은 이원적인 것으로 균형을 이루는 법이다. 빛과 그림자가 공존하듯이 인체도 마찬가지다. 단 것은 결국 쓴 것을 부르기 마련임을 명심하자.

## 형태를 알 수 있어야 좋은 음식이다

탄산음료는 설탕 덩어리다. 몸을 위한 음료로는 물 하나로 충분하다. 우리 몸의 대부분은 물이라서 물이야말로 최고의 음료이다. 첨가물이 함유된 음식이 몸에 해롭듯이 지나치게 정제된 음식도 건강에는 적이다. 정제된 쌀, 밀가루, 설탕,

소금 등은 비만, 당뇨, 고혈압 등 각종 성인병의 주범이다. 탄수화물에 중독된 뇌는 진짜 배고픔을 구분하지 못하고 가짜 허기를 유발하여 또다시 먹게 만든다. 이를 과다하게 섭취하면 에너지원으로 쓰고 남은 포도당이 지방으로 바뀌어 몸에 차곡차곡 쌓여 비만이 된다. 식재료의 형태나 신선도를 직접 보고 확인할 수 있어야 좋은 음식이다. 가공식품은 상품의 이름과 유통기한을 보지 않고는 이를 알기 힘들다. 어떤 재료에 무엇을 넣었고 어떻게 만들었는지도 모르는 식품이 캔, 페트병, 비닐봉지로 포장되어 하루에도 수없이 쏟아져 나오고 있다. 공장에서 만든 이러한 상품을 과연 건강한 음식이라고 할 수 있을지 의문이다.

사람의 생김새가 모두 다르듯이 자연은 결코 일률적이지 않다. 땅콩이나 감자, 고구마 등 자연에서 난 음식을 자세히 살펴보면 생김새가 모두 다른 것을 알 수 있다. 비슷하게 생긴 것은 있을지라도 똑같은 것은 거의 없다. 자연의 본성은 똑같은 것을 싫어하기 때문이다. 건강한 식생활을 위해서는 식재료의 신선도를 직접 눈으로 확인하고 다듬고 조리하는 과정까지 즐길 수 있어야 한다. 신선한 재료로 만든 음식은 식탁을 아름답게 해줄 뿐만 아니라 요리하는 즐거움을 준다. 맛과 향은 오감을 만족시키며 정신건강에도 영향을 미친다.

### 자연식은 병의 예방과 치유에 도움을 준다

〈나는 자연인이다〉라는 TV 프로그램을 보면 도시에서 잘못된 식습관과 스트레스로 생긴 질병이, 자연에서 치유된 사례가 많다는 것을 알 수 있다. 그들의 밥상을 들여다보면 텃밭에서 키운 채소와 자연에서 채취한 음식이 대부분이다. 병을 진단받은 환자들이 가장 먼저 조심하는 것은 음식이다. 자연식이 몸에 좋다는 것을 본능적으로 알고 있기 때문이다. 병이 들고 나서 힘들게 식습관을 바꾸려 하지 말고 평소에 자연식을 하면 건강 유지에 도움이 된다.

자연식이 곧 약이다. 자연식은 소화 흡수가 잘되고 위장과 혈관을 깨끗하게 해주어 노폐물이 쌓이지 않도록 도와준다. 따라서 면역력과 자연치유력이 높아지기 때문에 질병의 예방과 치유에 도움을 준다. 건강한 사람에게는 보약이며 환자에게는 치료제가 되는 것이다. 자연식이야말로 인간의 본성에 맞는 음식이다. 자연에서 멀어질수록 병에 가까워지고, 자연에 가까이할수록 병에서는 멀어진다.

가공식품을 대체할 자연식

탄산음료 → 물, 생과일주스

아이스크림 → 과일

우유 → 국내산 콩을 갈아서 만든 두유

초콜릿, 사탕 → 곶감, 대추

과자 → 견과류, 볶은 콩

햄, 어묵 → 생선

진미채 → 마른 오징어

양갱 → 고구마, 밤, 삶은 팥

흰 빵 → 통밀빵

라면, 국수 → 메밀국수

　　　　　　통밀가루로 반죽한 수제비나 칼국수

# 육식보다 채식

## 자연은 생명공동체이다

오늘날의 축산은 이윤추구를 위한 사업이다. 동물에게 부여된 기본적인 권리를 무시한 채, 동물을 기계로 틀에 맞춰 찍어 내듯이 길러낸다. 동물은 제초제와 살충제, 유전자 조작 가능성에 노출된 곡물을 먹고 사람은 그 고기를 먹는다. 그뿐만 아니라 이로 인한 동물의 스트레스까지 고스란히 먹는다. 존 로빈스의 말에 따르면 밀집된 공간에서 스트레스를 받은 닭은 동료 닭을 부리로 쪼아대는데, 사람이 그걸 해결하는 방법은 쪼는 닭의 부리를 가위로 잘라내는 것이라고 한다. 돼지는 입으로 흙을 파는 게 본성인데 딱딱한 시멘트 바닥에 그대로 방치된 채, 발바닥이 갈라져 피가 나도 비용 절감을 이유로 짚을

깔아 주지 않는다. 또 도축되기 몇 시간 전에는 무게를 늘리기 위해 소나 돼지에게 물을 먹인다.

내가 고기를 먹지 않는 이유는 단순히 건강 때문만이 아니라 이와 같은 인간의 비윤리적인 태도 때문이기도 하다. 동물도 이 땅에 나서 살아가는 동안 신선한 바람을 쐬고 언덕 위에서 한가롭게 풀을 뜯으며 살 권리가 있다. 명을 다하고 도축될 때는 그렇게 되더라도 말이다.

건강하고 행복하게 살아가려면 생명을 소중히 대할 줄 알아야 한다. 간디는 한 나라의 위대함과 도덕성은 동물을 다루는 태도로 판단할 수 있다고 말했다. 신이 인간에게 자연을 다스릴 권리를 준 것은, 함부로 다루라는 것이 아니라 그것을 잘 관리하고 공생하라는 뜻이다.


채식의 장점

나는 채식 위주의 식사를 하는데 고기와 달걀, 우유는 먹지 않고 해물류는 아주 가끔 먹는다. 육식을 줄이고 채식을 한 이후로 내 몸에는 다음과 같은 변화가 생겼다.

첫째, 몸이 가볍고 피로감이 줄었다.

둘째, 불면증이 사라지고 숙면한다.

셋째, 피부가 좋아지고 적정 체중을 유지한다.

넷째, 두통과 건망증이 없어지고, 머리가 맑아지고 기억력이 좋아졌다.

다섯째, 삶에 대한 긍정적인 사고방식과 생명에 대한 감사함이다.


이외에도 식비가 줄고 조리시간이 줄어든 것, 세제와 물 절약, 동물성 지방에 의한 알레르기나 아토피, 고혈압을 비롯한 심혈관질환 등의 질병에 대한 염려도 줄어든 것, 남는 시간을 활용할 수 있는 것 등 이외에도 좋은 점이 많이 있다. 고기를 먹고 나면 두통이 생기고, 뒷목이 뻐근한 증상이 있었는데 채식을 하면서 자연스레 그런 증상이 씻은 듯이 없어졌다.

하지만 채식을 하다보니 우리나라에서는 채식주의자로 살아가기 힘들다는 것을 알았다. 가난해서 못 먹던 시절의 영향인지 사람들은 마치 고기가 안 들어간 음식은, 영양이 부실하고 맛이 없다는 인식이 뿌리박혀 있는 듯하다. 고기를 먹어야 힘이 나고 건강해진다고 말한다. 먹거리가 풍부한 시대에 몸은 이미 영양과잉인데도 사람들은 늘 먹을 궁리만 한다. 맛집을 탐방하고 캠핑을 가면 약속이라도 한 듯이 삼겹살로 바비

큐를 한다. 배가 불러도 먹고, 모여서 또 먹는다. '먹고 죽은 귀신이 때깔도 곱다'라며 먹기를 권한다. 복부에 이미 지방이 잔뜩 쌓여 있는데도, 복날에는 식당 앞에 줄을 서가며 삼계탕을 먹는다. 보신은 가난했던 시절 영양이 결핍된 사람에게 필요한 것이 아니었던가? 건강을 위한다면 복날 하루는 금식하거나 채소만 먹어야 하지 않을까 생각해 본다.

자연은 사시사철 때마다 우리에게 필요한 식재료를 풍성하게 선물한다. 면역력에 좋은 버섯과 해조류, 몸을 가볍게 해주는 채소와 과일은 언제나 우리의 식탁을 풍성하게 채워준다. 바구니 안에 들어있는 과일은 식탁 위를 장식하고 입맛을 돋우어 준다. 신선한 채소를 맨손으로 다듬고 씻고 조리할 때, 기분 좋은 감촉이 손끝으로 전해진다. 그럴 때는 내가 자연과 밀접하게 연결되어 있음을 느낄 수 있다. 이는 고깃덩어리를 썰고 다질 때와는 다른 감정을 준다. 사과와 대추에는 햇볕과 이슬이 들어있으며 그것은 우리 안의 순수함과 아름다움에 조화를 이룬다.

　피토케미컬(phytochemical)은 채소와 과일에 들어있는 식물성 화학물질로, 세포 손상 억제 및 면역기능 향상에 도움을 주는 물질이다. 현재까지 밝혀진 피토케미컬은 1만여 종에 이르는데, 종류별로 색상마다 함유된 효능이 다르다. 예컨대 토마토, 딸기, 비트 등 붉은 과일에는 항암물질인 리코펜(lycopene), 가지, 콜라비 등 보라색 청과에는 항산화 물질인 안토시아닌(anthocyanin), 마늘, 양파 등의 하얀 채소에는 강력한 살균물질인 알리신(allicin)이 들어있다. 시금치, 상추, 오이, 양배추 등 초록색 채소와 과일에 들어있는 클로로필(chlorophyll)은 간세포 재생에 도움을 주고 중금속 등 유해물질을 체외로 배출하는 천연 해독제 역할을 한다. 이 밖에도 채소에는 현대 과학이나 의학으로 밝혀낼 수 없는 독특한 물질이 들어있다고 한다.


## 채식으로 몸을 가볍게

　채식은 몸과 마음이 건강해지는 느낌을 준다. 몸을 가볍게 해주고 과체중이나 비만을 걱정하지 않아도 되기 때문이다.

채식인들은 체질량지수(비만도)가 양호한 편이고 체형도 날씬하다. 여러 연구 결과에 따르면 채식이 암에 걸릴 위험을 현저하게 줄일 뿐 아니라 체내 염증 상태를 개선하고 소화기 및 면역체계의 건강을 증진한다고 한다.

내가 채식을 한 후 얻은 것은 활력과 건강이다. 이전에는 조금만 일을 해도 피로가 쉽게 쌓였다. 마트에 다녀오면 장바구니를 그대로 둔 채 잠깐이라도 잠을 자야 피로가 풀리는 듯했다. 그게 꼭 육식 때문만은 아니겠지만 채식을 한 후로 몸이 더 가벼워지고 피로감도 현저히 줄었다. 얼마 전 건강검진에서 내 혈관 나이는 실제보다 11살이 적게 나왔다. 따라서 내 몸을 가볍게 해주는 것은 육식이나 건강 보조제가 아닌 채식임을 알게 되었다.

# 간소한 조리법

    손수 만든 음식을 먹으면 요리의 즐거움을 느낄 수 있을 뿐만 아니라 식비도 아낄 수 있다. 요리를 간소화하자. 그러면 어떤 음식이든 쉽게 해 먹을 수 있다. 죽은 이유식이 되고 소금을 넣으면 일반식이 된다. 이렇게 쉽게 생각해야 한다. 요리사가 아니라면 3단계 이상의 조리법이 필요한 요리는 하지 않는 것이 몸에도 좋고 정신건강에도 좋다.

    양배추는 샐러드로, 끓는 물에 데쳐서 쌈으로, 기름을 넣어 볶아서 먹을 수 있다. 그러면 세 가지 요리가 된다. 마른 김은 생으로 먹고, 굽거나 볶아서 먹을 수도 있다. 복잡한 조리법을 단순하게 생각해야 요리가 쉽다. 샐러드를 만든다고 달고 짠 드레싱을 굳이 살 필요는 없다. 집에 있는 재료로 얼마든지 응용할 수 있다.

　건강에 좋은 조리법은 생으로 찌거나 데치기-굽기-볶기-튀기기 순이다. 생식은 우리 몸에 필요한 각종 영양소와 비타민, 미네랄을 공급하고 혈액을 맑게 해준다. 그뿐만 아니라 영양소 손실을 최소화할 수 있어 건강에 도움이 되고 시간과 에너지를 절약할 수 있다. 포만감이 높아 다이어트에도 도움이 된다.

기본양념과 사용법

**1. 소금, 간장, 고추장, 고춧가루, 감식초, 식용유**

소금은 천일염을 사용한다. 불순물을 제거하려면 체에 담아 흐르는 물에 살짝 씻어 물기를 뺀 다음 팬에 볶아서 사용한다. 볶은 소금은 염도를 줄여주어 깔끔한 맛을 내준다.

요리는 소금과 기름만으로 할 수 있다. 소금은 요리에 있어 기본이며 최고의 양념이다. 음식에 간을 더하고 식재료가 가진 고유의 맛을 끌어내 준다.

**식용유: (참기름, 들기름, 올리브유, 포도씨유)**

샐러드– 올리브유

무침 요리– 참기름, 들기름

볶음 요리– 들기름, 식용유

　　　　(들기름과 식용유를 일대일로 섞어서 사용해도 된다)

2. 매실청, 현미 조청, 비정제 원당, 과일

음식에 단맛을 더하고 싶을 때 활용한다.


3. 모든 양념을 동량으로 하면 요리가 쉬워진다.

1T - 밥 스푼 기준 1큰술

1t - 찻 스푼 기준 1작은술

1컵 - 종이컵 기준


마른 오징어 무침 양념을 예로 들면, 간장 1T, 고추장 1T, 조청 1T, 참기름 1T로 정한 다음 부분적으로 양을 줄이거나 첨가하면 된다. 단맛을 좋아하면 여기에 비정제 원당을, 매운맛을 내려면 고춧가루를 추가하고, 간장, 고추장의 양을 가감하여 염도를 조절할 수 있다.


4. 육수

깊은 맛을 낼 때 - 다시마, 멸치, 무

깔끔한 맛을 낼 때 - 다시마, 표고버섯, 양파

소박한 음식과 조리법

* 채소 샐러드 (1인분)

재료- 토마토 1개, 오이 1/2개, 양상추 (또는 잎채소) 2장, 사과 1/2개

드레싱- 소금 약간, 올리브유 2T, 매실액 2T


만드는 방법

1. 양상추를 손으로 뜯어서 접시에 담고 토마토, 사과, 오이를 한입 크기로 썰어

   그 위에 올린다.

2. 1에 소금을 약간 뿌린 후 올리브유, 매실액을 두른다.


　　샐러드는 만들기도 쉬울뿐더러 칼로리가 낮고 포만감은 높아 다이어트에 좋은 음식이다. 부족하게 느껴지면 빵 대신 감자나 고구마를 곁들여서 먹으면 된다. 샐러드 재료는 제철 채소 과일로 다양하게 응용할 수 있다.

\* 열무 겉절이 (2인분)

재료- 연한 열무 두세 줌, 사과 1/2개

양념 - 간장 2T (또는 액젓) 고춧가루 2T, 매실청 2T, 소금 1t


만드는 방법

1. 열무를 깨끗이 씻어 건진 후 채반에 담아 물기를 뺀다.

2. 열무를 5cm 길이로 자르고 사과는 나박썰기한 후 그릇에 담고 소금을 살짝

   뿌려준다.

3. 양념을 섞어 2에 뿌린 후 뒤적이듯이 살살 버무린다.


　　김치를 담그려면 번거롭지만 겉절이는 반찬용 샐러드로써
절이지 않고도 쉽게 만들수 있다. 열무 외에 알배기 배추, 양
배추, 상추, 오이, 부추 등 제철 채소로 다양하게 만들 수 있
다. 특히 가을에 김장용으로 재배한 어린 갓을 솎아내어 겉절
이를 해 먹으면 톡 쏘는 천연의 감칠맛이 일품이다.

　　열무는 열량이 적고 섬유질이 풍부한 알칼리성 식품으로
비타민 A와 비타민 C가 풍부하다. 생육 기간이 짧아 1년 내
내 쉽게 구해 먹을 수 있으며 눈 점막을 튼튼히 하고 시력을
보호해 주는 효과가 있다. 열무에 들어있는 식이섬유는 소화

를 촉진하는 효능이 있으며 몸속의 노폐물을 체외로 배출시켜 건강하게 체중을 감소하는 데 도움을 준다.


* 단호박죽 (2인분)

재료- 단호박 1개, 당근 1/2개, 소금 2t


만드는 방법

1. 호박은 껍질을 벗기고 당근은 지저분한 곳을 도려낸 후 각각 한입 크기로 썰어

   냄비에 담는다.

2. 1에 물 2컵을 넣고 끓인다. 끓기 시작하면 약한 불로 줄여 10~15분

   익힌다.

3. 소금을 넣고 포크로 으깨어 섞어준다 (소금양을 알맞게 맞추면 단맛이 더해진다).


단호박은 열량이 낮고 섬유질이 많아 체중 감량에 효과적이다. 노란색 색소인 베타카로틴은 우리 몸에서 강력한 항산화제로 작용한다. 소화를 돕고 장을 튼튼하게 해주며 시력 개선 효능이 있다.

\* 김 볶음 (2~3인분)

**재료- 마른 김 5장, 소금, 식용유 1T, 들기름 1T**

**만드는 방법**

1. 김을 손으로 먹기 좋게 뜯어 팬에 담는다.

2. 식용유와 들기름을 김 위에 둘러준 후 약한 불에 볶는다.

3. 2에 소금 한두 꼬집을 뿌려준 후 버무리듯 섞어준다.

　　김 볶음은 김에 기름을 바르고, 굽고, 자르는 번거로운 과정 없이 빠르고 쉽게 할 수 있는 요리이다. 김에는 단백질과 비타민, 칼슘, 무기질, 철 등이 함유되어 있어서 영양이 풍부한 음식이다.

* 채소구이

재료- 양파 1/4개, 당근 1/2개, 표고버섯 3개, 애호박 1/4개

　　　들기름 2T, 소금


만드는 방법

1. 모든 재료를 굽기 좋게 납작하게 썰어준다.

2. 팬을 달군 후 기름을 두르고 1을 넣은 후 중 약한 불에 구워준다.

3. 2에 소금을 한두 꼬집 뿌린 후 접시에 담아낸다.


　　채소구이는 냉장고 안에 들어 있는 재료를 꺼내 간단히 해 먹을 수 있다. 굽기가 번거로우면 팬에 재료를 적당히 잘라서 넣고 기름을 넣어 볶으면 더 간단히 만들 수 있다.

* 시래기 무밥 (2인분)

재료- 보리쌀 2컵, 불린 시래기 두 줌, 얇게 썬 무 두 쪽

양념- 간장 5T, 다진 마늘 1T, 다진 파 1T, 참기름 2T, 참깨 2T


만드는 방법

1. 보리쌀을 씻어 1~2시간 물에 불린다.

2. 압력솥에 보리쌀을 넣고 채를 썬 무와 시래기를 그 위에 올린 후 밥을 짓는다

   (채소에 있는 수분을 고려해 물량을 적게 한다).

3. 2를 그릇에 담고 양념장을 곁들인다.


　　무는 수분이 많고 열량은 낮다. 특히 감기 예방에 좋으며 변비 개선에도 탁월한 효능이 있다. 여러 가지 소화 효소들이 함유되어 있어서 소화 촉진에 효과적이다. 떡국, 된장국 등 국물 요리에 활용하고 생무는 간식으로 먹어도 좋다.

\* 양배추 볶음밥 (1인분)

재료- 양배추 2장, 현미밥 한 공기

양념- 간장 1T, 소금, 고춧가루 1T, 비정제 원당 1/2T,  포도씨유 1T

　　　들깨가루 1T


만드는 방법

1. 양배추는 깨끗이 씻어 물기를 털어 낸 후 적당한 크기로 잘라준다.

2. 팬에 포도씨유를 두른 후 양배추와 양념을 넣고 센 불에 빠르게 볶는다.

3. 약불로 줄인 다음 2에 밥과 들깨가루를 넣고 1~2분간 볶아준 후 그릇에

　　담아낸다.


　　양배추는 위장병에 특효가 있으며 식이섬유가 많아 장운
동을 활발하게 한다. 이외에도 해독작용, 혈액순환 증진, 변비
개선 효과가 있다.

* 들깨 수제비 (2인분)

재료 - 통밀가루 2컵, 감자 1개, 들깨가루 2T

육수 - 무 한 토막, 다시마 1장(사방 5~6센티미터 크기)

　　　국물용 멸치 5~6마리, 양파 1/4개, 대파 1/2대

　　　당근 얇게 두 쪽(또는 애호박), 청양고추 1개

양념 - 다진 마늘 1t, 국간장 1T. 소금 1/2t


만드는 방법

1. 감자를 씻어 지저분한 곳을 도려낸 후 강판에 간다.

2. 통밀가루에 1을 넣고 소금 두세 꼬집을 넣은 후 반죽을 한다.

　　수분이 부족하면 물을 넣어 조절한다.

3. 냄비에 물을 넣고 채 썬 무, 다시마, 멸치를 넣어 끓기 시작하면 중불로 줄여

　　10분 정도 우려낸 후 건더기를 건져내고 다진 마늘을 넣는다.

4. 3에 반죽을 얇게 떼어 넣은 후 양파, 당근, 대파, 청양고추를 썰어 넣고 국간장,

　　소금으로 간을 한 다음 들깨가루를 넣고 2~3분 더 익힌 후 그릇에 담는다.


　　들깨에 풍부한 알파리놀렌산 성분은 혈소판의 응고를 막
아주고, 콜레스테롤을 억제해 주기 때문에 심혈관계 질환의 예
방에 효능이 있다. 뇌 신경세포를 활성화하여 뇌 기능을 촉진

해 두뇌 발달과 치매 예방에 도움을 준다. 들깨가루는 샐러드, 나물, 국물 요리에 활용할 수 있다. 통밀가루에 감자, 현미, 콩 등을 갈아 넣고 반죽을 하면 영양의 균형을 맞출 수 있다.

* 오이 콩국수 (2인분)

재료- 메주콩 1컵, 오이 2개, 토마토 1개, 소금 2t, 참깨 1T

만드는 방법

1. 콩을 깨끗이 씻은 다음 물에 5~6시간 불린다.

   (겨울철에는 불리는 시간을 더 늘린다.)

2. 냄비에 불린 콩을 넣고 7~8분 삶아 익힌다

   (콩 삶는 시간은 불린 상태에 따라 조절 가능).

3. 2를 찬물에 두세 번 씻은 다음 믹서기에 넣고 물을 부어 갈아준다.

4. 채 썬 오이를 그릇에 담고 콩 국물을 부어 준 후 소금 간을 한 다음 토마토와

   참깨를 올린다. 이때 오이 대신 메밀면을 넣어도 된다.

* 마른 오징어 무침

재료- 마른 오징어 1마리

양념: 고추장 1T, 간장 1T, 조청 1T, 참기름 1T, 감식초 1T


만드는 방법

1. 냄비에 물을 넣고 끓으면 마른 오징어를 넣고 1~2분간 데친다.

2. 데친 오징어를 건져낸 후 물기가 마르도록 식힌 다음 손으로 가늘게 찢는다.

3. 2에 양념을 넣어 버무린다.




* 무나물 (2인분)

재료 – 무 1/4토막, 생 들깨 2T, 소금 약간, 물 1/2컵


만드는 방법

1. 채 썬 무를 팬에 넣은 다음 생 들깨 간 것을 넣고 물을 붓는다.

2. 약간 약한 불에 무가 투명해질 때까지 볶은 후 소금으로 간을 한다.

비움으로
채우는 삶



4부

# 건강은
# 귀중한 재산

### 건강을 지키는 길

삶의 근본은 건강에 있다. 진부하지만 편안한 마음과 절제, 적당한 활동이 건강을 유지해 준다. 몸에 지방을 축적하지 않으려면 보리, 현미, 채소 등의 간소한 식사를 하고 활동량을 늘려야 한다. 정신의 건강을 유지하려면 욕심을 다스리고 마음의 평안을 유지하도록 노력해야 한다. 행복한 삶을 위해 건강은 인간에게 주어진 축복임을 잊어서는 안 된다. 자기 관리에 있어 가장 중요한 것은 건강을 관리하는 습관이다. 나이가 들어도 약에 의존하지 않고 얼마든지 건강하게 살 수 있다. 혼자서도 몸을 씻을 수 있고, 밥을 먹고, 말하고, 앉고, 서고, 걷는 일상의 모든 행동을 자연스럽게 할 수 있는 것은 삶에 있어서 기적이다. 사람들은 그런 사소한 것들의 귀중함을 잊고 나서야 깨닫는다. 몸은 정직하기 때문에 의식적으로 적게 먹고, 운동을 하고, 일상의 몸짓과 표정 하나하나를 정성스럽고 우아하게 하려고 노력하면 건강을 지킬 수 있을 뿐만 아니라 그에 따라 몸도 아름다워진다. 몸을 가꿀 줄 알아야 한다. 몸을 가꾼다는 것은 마음을 돌보는 것과 같다. 아름다운 몸을 갖고자 하는 것은 외모에 치중된 욕심이 아니라, 우리의 내면에 있는 자연스럽고 순수한 욕구로 인식해야 한다. 자신에게 질문해보자. 지금 나는 어디에 있는가? 병으로 가는 길에 있는가, 건강을 지키는 길에 있는가?

## 체중은 건강의 척도이다

체중을 보면 건강이 보인다. 적정 체중이 유지되어야 몸에 무리를 주지 않고 건강하게 살 수 있다. 뱃살이 없도록 몸을 관리하면 굳이 체중을 재보지 않아도 적정 체중을 유지 할 수 있다. 그러면 몸이 가볍고 생기가 있으며 우아해진다. 비만이란 체내에 과다하게 많은 양의 지방이 쌓인 상태를 의미한다(체중이 많이 나가도 근육량이 많고 체지방이 적은 사람은 비만이라고 할 수 없다). 특히 남녀노소를 불문하고 복부비만은 만성질환의 원인이 되기 때문에 체중 관리는 중요하다. 비만도와 적정 체중은 BMI 측정법을 통해 쉽게 알아볼 수 있다. BMI(body mass index)는 체질량지수를 뜻한다. 즉 신장과 체중으로 지방의 양을 추정하는 비만 측정법이다. 온라인 검색창에 '비만도 계산기'를 검색하여 신장과 체중, 성별과 나이를 대입하면 자신의 비만도를 쉽게 알아볼 수 있다.

신장이 167cm이고 체중이 52kg인 50대 여성이 있다고 가정할 때 BMI 지수는 18.65로 정상이다.

BMI

만약 체중을 51kg으로 대입하면 BMI 지수는 18.29로 저체중이고, 체중을 65kg으로 대입하면 BMI 지수는 23.32로 과체중이 된다. 그렇다면 이 여성의 적정 체중은

52kg~64kg이 된다. 적정 체중 범위 안에서도 과체중과 비만에 가까운 쪽보다는, 저체중에 가까운 체중을 유지하는 것이 질병으로부터 더 안전하다. 체중이 오를수록 질병의 확률도 올라가고 체중을 줄이면 병도 호전되기 때문이다. 그러므로 식사마다 자신이 먹는 음식에서 삼분의 일을 덜어낸다면, 적정 체중을 유지할 수 있을 뿐만 아니라 병에 대한 불안감도 그만큼 줄어들 것이다. 따라서 건강을 지키는 비결은 무엇보다 적정 체중을 유지하는 데 있다.

## 체중을 줄이면 혈압도 내려간다

얼마 전 남편은 정기 건강검진에서 대사증후군 판정을 받았다. 의사의 말에 의하면 간 수치가 매우 높아서 간암에 걸릴 위험 단계에 있다고 했다. 게다가 콜레스테롤, 고지혈증 등 모든 수치가 다 높은데다 혈압도 150에 100이었다. 그래서 의사의 처방대로 고혈압과 콜레스테롤약을 먹기로 했다. 우선은 안심이 되었지만 약을 매일 먹는 게 마음에 걸렸다. 몸 안의 수치를 내려줄 만한 다른 방법이 있지 않을까 고심하지 않을 수 없었다.

동의보감에는 진득찰이 중풍으로 생긴 마비를 고친다고 했다. 고심 끝에 우리는 약을 모두 버리고 운동과 식이요법을 병행하기로 했다. 우선 진득찰을 구해서 차를 끓여 남편에게 주었다. 그리고 남편의 밥공기를 작은 그릇으로 바꾸고 밥양을 반으로 줄였다. 식사 전에는 채소 샐러드로 포만감을 더하고 현미, 수수, 콩 등을 넣어 잡곡밥을 지어 먹고 기름진 음식 대신 담백한 식단으로 바꿨다. 음식 대부분은 기름에 볶지 않고 데치거나 쪄서 먹었다.

남편은 공원에서 매일 1시간씩 걷기 운동을 했다. 그로부터 2개월 후, 다시 검사를 받아본 결과 간과 콜레스테롤 수치가 많이 내려가고 호전되었다. 생활습관을 바꿨더니 6개월 동안 체중이 6kg이 줄었다. 검진 결과 혈압을 비롯하여 모든 수치가 다 정상으로 돌아왔다. 친정어머니도 혈압이 높았다. 10년 전 복지관에서 우연히 혈압을 측정했는데 수축기, 이완기 혈압이 각각 160에 100이었다고 한다. 그 후로 병원에서 고혈압약을 처방받아 6년 넘게 드시다가, 약을 끊고 식이요법으로 체중을 감량하셨다. 식생활을 바꾼 지 7개월 만에 체중이 7kg이 줄었다고 한다. 당연히 혈압도 정상으로 돌아왔다.

체중을 줄이면 혈압도 내려간다. 체중을 1kg 줄이면 혈압이 1~2mmHg 감소하고, 5kg를 감량하면 5~10mmHg 감소하는 효과를 볼 수 있다. 그러므로 적정 체중을 유지하면 약을 먹지 않아도 된다. 약을 먹으면 심리적으로 의존하기 때문에 음식을 조심하지 않게 된다. 절제하며 힘들게 운동하는 것보다 약을 먹는 게 더 쉽기 때문이다.

그러나 인위적으로 약을 먹어서 혈압이나 혈당이 정상 수치로 유지되는 것은 건강한 상태라고 할 수 없다. 약을 먹지 않고 정상 수치가 되어야 건강한 것이다. 과로나 스트레스로 인해 일시적으로 혈압이 급격히 높아졌을 때를 제외하고, 대부분은 식습관을 개선하고 체중을 줄이면 혈압도 내려간다.

우리 몸은 항상 최적의 조건을 유지하기 위해 안정된 상태를 유지하려는 경향이 있다. 그렇기 때문에 나이가 들수록, 체중이 늘수록 그에 따라 몸이 스스로 혈압을 높이는 것이다. 혈관도 점점 탄력이 떨어지기 때문에 나이가 들수록 혈압이 올라가는 것은 당연하다. 인체의 항상성을 간과해서는 안 된다. 고혈압을 비롯하여 열, 두통, 설사 등 몸이 보내는 신호와 조치는 몸의 균형을 유지하려는 생명력에 기인하기 때문이다.

몸의 반응에 마음을 기울이면 어떤 것에 의존하지 않고 최상의 건강을 유지할 수 있다. 몸을 돌보는 것은 행복의 우선

순위이며 자신의 의무이다. 우리 몸 안에는 스스로 병을 치유하는 힘이 있어서 체중을 관리하고 마음을 편안하게 보살피면 어떤 병이든 호전되는 효과를 볼 수 있다. 내 몸의 의사 곧 자연치유력을 높이는 비법은 적정 체중을 유지하는 데 있다.

# 주어진 일 하기

토머스 칼라일은 "해야 할 일을 알고 그 일을 하라"고 했다. 사람은 누구나 자기 몫의 일이 있는 법이다. 사회적으로 중요한 역활이나 일이 아니더라도 자신을 위해서 마땅히 해야 할 일이 있다. 성공적인 삶은 사소한 일을 잘해내는 데 있다. 제때 일어나 씻고, 밥을 먹고, 자신의 주변을 깨끗이 하는 평범한 일이 사실은 가장 중요한 일이다. 삶은 하루하루가 이러한 일의 연속이기 때문이다.

## 일하는 즐거움

사람이 먹고 마시며 수고하는 것보다 그의 마음을 더 기쁘게 하는 것은 없나니
(전도서 2:24)

주어진 날에 먹고 일하는 즐거움은 신의 선물이며 행복감을 준다. 사람은 자기의 일에 몰두할 때 잡념을 잊고 쾌활해진다. 일은 일상의 골격을 단단히 세워주고 삶의 균형을 유지해 준다. 평범한 일상에 의미를 더해주고 마음을 편안하게 해주기 때문이다. 그러므로 내 앞의 일, 해야 할 일만 생각하고 몰두하면 근심과 걱정 따위는 멀리 떠나간다. 사람은 일을 통해 근면, 성실, 정직, 인내, 책임감과 의무감을 배우고 익힐 수 있으며, 그에 따른 자기의 몫에 주어진 풍요를 누릴 수 있다. 일은 나태함과 무료함을 없애줄 뿐만 아니라 스스로가 쓸모 있는 사람이라는 생각을 갖게 해준다. 삶에 있어 자기의 일에 만족하는 것보다 더 나은 것은 없다. 내 손안에 행복이 들어 있음을 알고 기쁜 마음으로 즐겁게 일할 때, 삶은 확장되고 깊어지며 정신과 육체 영혼의 조화를 이룰 수 있다.

　모든 성공의 시작은 벗은 신발을 제자리에 두고 쓰고 난 펜 한 자루를 가지런히 놓는 데 있다. 사람은 이런 사소한 것을 제대로 해야 다음 일도 잘할 수 있게 된다. 모든 것은 자기를 완성한 후에야 이루어지기 때문이다. 일은 몰입의 즐거움을 준다. 이런저런 잡념에서 벗어나 자신에게 집중함으로써 온전히 존재할 수 있기 때문이다. 시간을 가장 효율적으로 보내는 방법은 시간을 잊을만큼 일에 몰두하는 것이다.

　집안일을 쌓아놓고 부스스한 머리로 소파에 누워 홈쇼핑이나 보는 주부가 되어서는 안 된다. 집안에 먼지가 쌓이면 머릿속에도 먼지가 쌓이는 법이다. 일을 하지 않으면 나태해지고 부정적인 생각에 빠지기 쉽다. 이러한 장애물이 생기지 않도록 주변을 항상 깨끗이 해야 한다. 타샤 튜더는 주부라는 직업에 대해 "쨈을 만들면서 셰익스피어를 읽을 수 있는 찬탄할 만한 직업"이라고 말했다. 평범한 일이라도 즐겁게 할 수 있다. 사소한 일도 정성을 들이면 애정이 생기고 만족함을 느낄 수 있기 때문이다. 집안일도 마음먹기에 따라 우아하고 아름답게 해낼 수 있다. 쌀을 씻으면서 명상할 수 있고 자연의 고마움을 느낄 수 있다. 나를 위해 요리를 하고 예쁜 접시에 담아내면 자신에게 대접받는 느낌이 든다.

주부가 집안일에 중요성을 부여하고 그 일을 효율적으로 하기 위해서 궁리하고 노력하는 것은, 학자가 자신의 분야를 연구하는 일 못지않게 가치 있는 일이다. 사람을 살리는 일이 '살림'임을 이해한다면, 아마도 이를 소홀히 하는 사람은 없을 것이다. 공기마저 깨끗한 집에 있으면 마음이 정화된다. 깨끗한 곳에 있으면 집착과 욕심도 사라진다. 먼지를 쓸어내고 바닥을 깨끗이 닦고 있을 때 마음에는 고요와 평화가 찾아온다. 누구든지 자기 앞에 주어진 일에서 의미를 찾을 수 있다. 그것이 곧 우리에게 부여된 존재의 의미이며 삶의 목적이기 때문이다. 일은 곧 축복이며 삶의 열매이다. 사람은 자기 일에 충실할 때 빛이 난다.

자기 앞에 주어진 일을 하라.
일은 일상을 소중하게 만들어 주고
삶에 의미를 부여해 준다.

　　조화롭게 사는 비결은 해가 뜨면 일어나 움직이고 해가
지면 쉬는 것이다. 낮은 밝고 밤은 어둡다. 그래서 낮에는 활
동하고 밤에는 쉬는 게 자연과 어울리는 삶이다. 하루에 충실
한 사람은 낮과 밤을 효율적으로 보낼 줄 안다. 낮과 밤에 잘
적응된 몸은 건강하다. 일찍 자고 일찍 일어나는 것은 사람을
지혜롭고 부유하게 만들어 준다. 그날에 해야 할 일을 미루지
않고 즐겁게 할 수 있을뿐더러 몸에 피로가 쌓이지 않으며 생
체리듬을 건강하게 유지할 수 있기 때문이다.

　　밤은 침묵의 시간이다. 어둠 속에는 고요함과 안락함이
있다. 어둠은 일과를 마무리하고 쉴 수 있게 해준다. 그러므로
해가 져도 서둘러 등을 켜지 말고 우리의 눈이 차차 어둠에 적
응하도록 여유를 주어야 한다. 밤에 먹고 마시는 행위는 몸에
부정적인 영향을 끼친다. 전등은 인위적으로 낮을 연장해서
더 일하고 더 먹고 마시게 함으로써 몸에 피로를 축적 시킨다.
밤은 활기찬 하루를 위한 충전소다. 숙면을 한 사람만이 상쾌
한 아침을 맞이하고 건강한 하루를 보낼 수 있다.

　　그때그때 보여주는 자연의 축제에 동참하자. 콘크리트 건
물을 벗어나 자연으로 눈을 돌려보자. 우리에게 좋은 것들은

대부분 돈이 들지 않는다. 간단한 도시락을 준비해 강가로 소풍을 간다면 한가로이 여가를 즐기면서 자연과 교감할 수 있다. 비싼 돈과 피로를 동반한 긴 여행이 아니더라도 이러한 평화로운 한때를 보낼 줄 아는 사람은 삶의 만족감과 행복도가 높다.

하루를 한가롭게 보내면 나는 그 하루의 주인이 된다. 자연의 시간표대로 감사하며 즐겁게 살아가자. 우리에게 어울리지 않는 부자연스러운 것들은 모두 멀리하자. 그래야 자연과 균형을 맞출 수 있다. 자연의 본성이 우리 내부의 가장 깊숙한 곳에 있는 아름다움과 일치할 때 평온함을 유지할 수 있다. 일과 휴식, 먹거리를 비롯하여 우리 삶의 모든 요소를 사계절과 보조를 맞춘다면, 적은 비용으로 호사를 누리며 건강하게 풍족하게 조화롭게 살 수 있다.

자연과 조화롭게
살아갈 때 평화롭고
시적인 삶을 누릴 수 있다.

# 감사

### 감사는 행복의 마중물이다

우리의 내면에는 보이지 않는 수천 개의 우물이 있다. 그 속에 고여있는 행복이라는 물을 퍼 올릴 수 있는 마중물이 바로 '감사'다. 감사는 감사를 끌어들이고, 감사가 감사를 낳기 때문이다. 어떤 환경에서도 감사할 줄 아는 사람은 샘솟는 우물처럼 삶의 모든 영역에 행복을 담아낼 수 있다. 살다 보면 얻을 때도 있고, 잃을 때도 있다.

하지만 감사는 어떠한 곤경에 처하더라도 다시 일어설 힘을 준다. 남과 비교하지 않고 내가 가진 것 안에서 풍족하게 살아가는 법을 배울 수 있기 때문이다. 마음을 편안하게 해주는 비법은 무엇이든 감사하는 데 있다. 지금, 이 순간의 좋은 일에 감사하면 걱정 근심은 사라진다. 행복해서 감사하는 게 아니라 감사하면 행복해진다. 많이 가져서 감사한 게 아니라 감사하면 부족함이 없게 된다. 감사만으로 충분함을 느끼기 때문이다.

몹시 추운 어느 겨울날이었다. 나는 청소에 쓸 고무장갑을 사려고 만 원짜리 한 장을 지갑에 넣고서 교회에 갔다. 예배를 마치고 나오자 불우이웃 돕기 모금함이 눈앞에 보였다. 나는 그 돈을 모금함에 넣고 집으로 돌아온 후 맨손으로 욕실 청소를 했다. 그런데 청소를 하는 동안 무엇인가 알 수 없는 기쁨이 마음속에 가득 차오르는 것이었다. 맨손으로 변기를 닦고 있을 때 가족들의 얼굴이 한 명씩 떠오르면서 그 순간 가족에게 고마운 마음이 들었다. 무엇보다 가족이 건강하게 내 옆에 있음이 감사했다. 새삼스레 가족의 소중함을 마음 깊이 느낄 수 있었다.

감사하면 행복하다.
많이 가져서 감사한 게 아니라
감사하면 부족함이 없게 된다.

감사도 습관이다

감사가 습관이 되면 눈에 보이지 않던 것들이 다시 보이고, 작은 것도 소중하게 느껴진다. 평범한 것도 새롭게 보인다. 햇살 한 조각, 작은 꽃, 바람에 흔들리는 나뭇잎도 특별하고 고귀하게 느껴지는 것이다. 마찬가지로 못 먹는다고 생각하면 불행하지만 먹을 수 있음에 감사하면 행복한 사람이 된다. 초라하게 살지 부유하게 살지는 감사하는 습관에 달려있다. 사막에 물이 없다고 불평하는 사람은 불행하다. 하지만 밤하늘의 별을 보며 감탄하는 사람은 신의 은총을 받는다. 똑같은 상황이라도 마음먹기에 따라 달라지는 것이다.

신영복 선생은 『처음처럼』에서 "추운 겨울 독방 무릎에 올려놓은 신문지 크기의 햇볕 한 장 무척 행복했다"라고 했다. 비록 혹독한 감옥 세월 일지라도 그 시간의 겨울 햇볕 한 장만으로도 인생은 결코 손해가 아니었다는 것이다. 불평하는 사람은 아무리 좋은 환경에서도 불평한다. 하지만 감사하는 사람은 아무리 극한 환경에서도 감사할 줄 안다. 불평하는 사람은 궁궐에 살아도 불행하지만 감사하는 사람은 오두막에 살아도 행복하다. 인생의 모든 것은 상황이 아니라 그에 대한 우리의 마음가짐과 태도 습관에 따라 달라지기 때문이다.

많은 것을 가지고도 누리는 법을 모르고, 잃고 나서야 후회하는 것은 감사하지 못하는 사람의 특징이다. 한 발 앞으로 나갈 가능성을 불평으로 막아버리기 때문에 퇴보하는 것이다. 반면에 감사는 닫힌 문을 열어 주고 언제나 더 나은 길로 인도해 주기 때문에 진보할 수밖에 없다. 감사는 자신을 축복하는 말이다. 자신을 응원하면 어떠한 상황이든 극복할 힘이 생긴다. 그러면 행복의 문이 활짝 열린다. 말의 힘을 무시해서는 안 된다. 인생의 모든 것은 말에서 시작되고 말대로 행해지기 때문이다.

돈이 없을수록 인간관계가 힘들수록, 문제가 많고 인생이 풀리지 않는 사람일수록 불평하지 말고 더 감사해야 한다. 문제 해결의 비법이 감사에 들어있기 때문이다. 한 알의 완두콩이 하찮다고 집어던지면 아무런 수확이 없지만 감사한 마음으로 심으면 수십 개, 그 이상의 완두콩을 거둘 수 있다. 작은 것에 감사할 때 그 속에 숨겨진 경이로움에 감탄하게 된다. 하루하루 감사의 씨앗을 심은 사람만이 감사의 열매를 거둘 수 있다. 그러나 감사한다고 해서 삶이 언제나 꽃길일 수만은 없다. 살아가다 보면 이해할 수 없는 일들을 만나게 된다. 그것마저도 감사할 수 있다면 어느 순간에 꽃처럼 활짝 피어나는 때가 올 것이다. 가시마저 감사하면 우리의 인생길을 축복 속에 걸어갈 수 있으며 삶의 진정한 승리자가 될 것이다.

## 그럼에도 불구하고 감사

인생에서 가장 힘들 때가 어쩌면 가장 감사해야 할 때인지도 모른다. 고난과 역경은 더 나은 삶으로 인도해 주기 때문이다. 불평하는 사람은 고난 속에 계속 머물러 있지만, 감사하면 고난 속에서도 보물을 발견할 수 있다. 긍정의 시각으로 볼 때 자신을 객관적으로 바라 볼 힘이 생긴다. 그러므로 삶이 힘들 때일수록 더 감사하자. 그러면 그것을 이겨낼 힘을 얻게 될 것이다. 마음을 감사로 물들이는 비법은 조용히 펜을 들어 감사한 것을 하나하나 노트에 적어 보는 것이다. 그러면 인생의 여정 속에 이미 많은 행복의 조각들이 감추어져 있다는 것을 알게 된다. 장미에 가시가 있다고 불평하는 사람은 행복할 수 없다. 하지만 긍정의 눈으로 바라보는 사람은 가시가 있음에도 불구하고 피워내는 장미를 본다.

그럼에도 불구하고 감사하는 것은 가장 값진 에너지다.

일이 잘되고, 건강하고, 풍족할 때 감사하는 일은 누구나 한다. 그러나 힘들 때는 감사보다 원망과 불평이 더 쉽게 일어난다. 그래도 감사하면 아무리 어려운 일이 오더라도 이겨낼 마음이 생긴다.

감사는 불평불만을 밀어내는 힘이 있다. 어떤 상황도 바꿀 수 있는 긍정의 힘이 들어있다. 삶이 힘들다면 지금이 바로 감사할 때다. 힘이 들 때 마음속으로 이 말을 외쳐보자. '모든 것에 감사해!' 그러면 정말로 상황이 바뀐다. 감사에는 평범한 하나의 돌을 수정으로 바꾸는 마력이 숨겨져 있기 때문이다. 감사는 부정을 긍정으로, 단점을 장점으로 바꾸는 힘이 있다. 긍정은 자신이 잘되기를 바라는 마음이고 잘될 것이라는 믿음이다. 자신을 믿을 때 세상의 모든 것이 나를 위해 돌아간다. 이는 스스로를 대하는 품격 있는 태도이며 자신의 잠재력을 이끌어 내주는 강력한 에너지다. 내면을 정화하는 힘은 감사에 있다. 맑은 마음도 불평하면 금방 혼탁해진다. 감사는 감사로써 자신을 대접하고 불평은 불평으로 자신을 미워하게 된다. 그러므로 잘 되기를 원한다면 무엇이든 감사해야 한다.

감사는 자신을 축복하는 말이다.
잘 되기를 원한다면
무엇이든 감사해야 한다.

# 독서

삶을 바꾸는 독서의 힘

삶의 깨달음과 변화를 주는 일 중 한 가지는 독서다. 책은 지혜의 보고이며 독서는 사색과 성찰의 길로 안내해 준다. 사람은 앎을 통해서 변화하고 성장하기 때문에 배움의 즐거움은 그것을 체험한 사람만이 누리게 된다. 매 순간 배우고 성장하는 것은 또 다른 삶의 의미이다. 적은 비용으로 삶을 바꿀 수 있는 강력한 무기는 바로 독서다. 책을 통해 생각을 바꿀 수 있고 내면의 힘을 기를 수 있기 때문이다. 이는 스스로의 기둥을 단단히 세워주는 버팀목이 되고 살아가는 데 필요한 재산의 일부가 된다.

독서는 직관적으로 보는 힘을 길러주고 문제 해결의 답을 제시해 준다. 그리고 간접적으로 경험을 축적할 수 있는 가장 쉬운 방법이다. 배경지식이 많을수록 통찰력이 생기고 삶을 이겨내는 능력도 더해진다. 시대는 변하더라도 삶의 본질은 변하지 않는다. 고전이 아직도 우리 가까이에 있는 이유는 그것이 인류의 고귀한 사상이자 삶의 등불이기 때문이다. 책은 모든 영감의 원천이다. 창조는 모방에서 비롯되고 예술은 또 다른 예술을 낳는다. 사람들의 성공 비법은 대부분 책에서 빌려온 것이다.

독서하는 사람은 작은 다락방 구석에 틀어박혀 있을지라도 세계 곳곳을 여행할 수 있으며 자기만의 집을 지을 수 있다. 독서는 고귀하고 지적인 정신 활동이다. 육체를 위해 다양한 음식물을 섭취하듯이 정신에도 양분이 필요하다. 책은 경험이 축적된 성숙한 사람이며 사람이 곧 책이다. 그러므로 사람이 책을 만들고 책이 사람을 만드는 것이다. 위인들은 책을 통해 영감을 얻고 길을 만들었다. 책은 거울이다. 무감어수 감어인(無鑑於水 鑑於人)이라는 말이 있다. 자기 모습을 물에 비추지 말고 다른 사람에게 비춰보라는 말이다. 물에 비춰보면 사람의 겉모습만 볼 수 있지만, 사람에게 비춰보면 자신의 허물을 찾아서 고칠 수 있기 때문이다. 마찬가지로 책은 사람이 만든 것이기 때문에 책을 읽으면 거울을 보듯이 나의 허물을 발견하고 고칠 수 있다.

### 책이 안내하는 길로 가면 인생이 바뀐다

책을 읽으면서 책이 하라는 대로 따라가다 보면 삶은 점점 변한다. 심플라이프를 따라 하면 집안이 환해지고, 검소함을 따르면 돈이 모인다. 철학을 하면 인생이 단순해지고 불필요한 인간관계가 자연스럽게 정리된다. 아리스토텔레스와 플라톤은 우리를 행복의 길로 안내하고, 성경의 진리는 자유에 이르는 길로 안내한다.

잠재력을 깨우는 비법은 바로 독서에 있다. 단기간에 집중적으로 독서를 하면 머릿속에 빅뱅이 일어난다. 굳어진 생각의 틀이 깨지고 유연해진다. 자연이 부여한 천재성이 비로소 기지개를 켜는 것이다. 사고가 확장되고 내면은 더욱 깊어진다. 생각의 틀이 깨지면 세상을 보는 시각도 달라지고 행동도 달라진다. 행동이 바뀌면 습관이 바뀌게 되고 결국 인생이 달라지는 것이다.

## 사색과 도약의 원천은 독서

　독서는 생각하는 힘을 길러주고 행동할 수 있는 용기를 준다. 또한 고요히 나를 들여다볼 수 있는 시간을 선물해 준다. 사물의 이치를 배우고 깊이 생각해 보는 것은 존재의 단단한 틀이 되어주고 성장과 발전의 밑거름이 된다. 고독을 즐기는 사람은 절대 외롭지 않으며 혼자만의 시간을 통해서 새롭게 도약할 수 있다.

　만약 사회에 첫발을 내딛는 사람이 자신의 일과 관련된 분야의 책을 50권 정도 읽는다면 그 분야의 리더가 될 수 있다. 책은 생각을 깨우는 도구다. 생각이 잠든 사람은 그저 사는 대로 삶에 이끌려갈 수밖에 없다. 생각의 틀이 깨져야 사고력이 생기고 주체적으로 행동할 수 있게 된다. 인생은 사는 동안 배워야 한다. 배움이 없으면 늙고 퇴보한다. 배움을 게을리하지 않으면 발전하며 언제나 새로운 삶을 살 수 있다.

고대 그리스 테베의 도서관에는 '영혼을 치유하는 장소'라는 글이 새겨져 있다고 한다. 사상가 몽테스키외는 "한 시간 정도 독서를 하면 마음속의 모든 고통이 사라진다"라고 말했다. 독서하는 이유는 현자들의 가르침을 통해 나를 대면하고 바로잡기 위함이다. 다른 사람의 삶을 엿보는 것은 결국 나를 들여다보는 것이나 다름없다. 가장 훌륭한 가르침은 배우는 사람이 가르침을 받는다는 것을 모르고 배우는 일이다.

독서를 하면 영혼에 아름다운 노을빛이 깃든다. 가랑비에 옷 젖듯이 마음속에 무지개가 피어난다. 논어는 부드러운 깃털로 모난 곳을 다정하게 쓰다듬어 주고, 단테는 어두운 숲에서 길을 잃어 헤매고 있을 때 등불이 되어준다. 또한 책은 진리의 길로 들어가는 문이다. 진리를 따르면 근심, 걱정, 두려움 따위를 걱정할 필요가 없게 된다. 자신의 성장을 위해 노력하는 것, 그것이 바로 진리이며 자신을 사랑하는 길이다.

# 독서를 통한 통찰력은
# 존재의 단단한 틀이 되어주고
# 성장과 발전의 밑거름이 된다.

독서는 적은 비용으로 할 수 있고
독서는 만 배의 이로움을 준다.
독서는 관리에게 능력을 더해 주고
독서는 군자에게 지혜를 더해 준다.
여유 있으면 서재를 마련하고
여유 없으면 책을 빌려 읽으라.
창문 앞에 앉아 고전을 읽어 보고
전등 아래서 그 뜻을 찾아보라.
가난한 사람은 책으로 부유하게 되고
부유한 사람은 책으로 고귀해진다.
어리석은 사람은 책으로 인해 현명해지고
현명한 사람은 책으로 인해 예리해진다.
책을 읽어 성공하는 사람 보았어도
책을 읽어 실패하는 사람 못 보았다.
황금을 팔아 책을 사서 읽으라
책 읽으면 황금 사는 것 아주 쉬워진다.

- 왕안석의 권학문(勸學文)을 시대에 맞게 수정한 글

# 인생의 태도

### 행복도 선택이다

　행복과 불행은 인생을 대하는 태도에 달려있다. 행복은 외부 조건에 의해 좌우되는 것이 아니라 전반적으로 우리의 마음에 달렸다. 슬픔과 기쁨, 고통과 즐거움, 부와 가난 등은 원래 있는 것이 아니라 모두 우리의 마음에서 조건 지어진 것에 불과하다. 이 글을 쓰고 있는 지금 창밖엔 눈이 하염없이 내리고 있다. '눈이 흩날리는 걸 보니 쓸쓸하고 너무 추워'라고 생각하니 춥게 느껴진다. 그러나 '눈송이를 보니 설레고 마음까지 따뜻해져'라고 생각하니 정말로 기분이 좋아지고 포근한 느낌이 든다.

　인생의 모든 것은 나쁜 것도 나쁜 게 아니고, 좋은 것도 좋은 게 아니다. 그것에 대한 마음의 표상일 뿐이다. 외부의 것을 받아들이지 않으면 그것은 나와는 상관없이 흘러가 버린다. 마음을 불편하게 하는 것은 모두 흘려보내야 한다. 집착을 내려놓으면 홀가분하듯이 인생의 복잡한 문제에 시시콜콜 '왜?'라는 물음표를 붙이지 말고 그냥 내버려 두자. 그러면 그것들은 급류처럼 쓸려 내려갈 것이다. 문제를 손에 잡을수록 그것은 더욱 두드러지고 마음을 어지럽힐 뿐이다.

삶을 가로막는 것은 모두 버려야 한다. 좌절, 우울, 거짓, 원망, 질투 따위는 놓아버리자. 그런 것을 끌어안고 사는 것은 스스로 불행한 삶을 선택하는 것과 같다. 언제나 옳은 길을 따라가면 행복하다. 진실하게 살라. 진리를 따르면 안전하다. 자연의 법칙에 따라 살면 실패하지 않는다. 양심에 따라 살면 모든 편견과 집착에서 벗어날 수 있고 자유롭게 살아갈 수 있다. 빛을 따르면 어두움에 갇히지 않는다. 행복의 문은 언제나 열려있다. 그것은 자신의 선택에 달려 있다.

삶의 의미를 찾아내면 어떠한 역경도 이겨낼 수 있다. 우리 앞의 상황이 어떻든 그것을 받아들이는 태도에 따라 삶이 달라질 수 있기 때문이다. 의미를 부여할 때 좋은 것으로 바뀔 수도 있고 그렇지 않을 수도 있다. 마찬가지로 어떤 사람이 되느냐는 것은 개인의 선택에 달려있다. 왜 살아야 하는지 아는 사람은 어떠한 상황에서도 버틸 수 있지만, 그걸 놓치면 인간으로서 존재가치는 희미해진다. 삶의 의미를 아는 사람은 어떠한 어려움이 닥쳐도 절대로 포기하지 않는다. 그것으로 존재의 이유가 될 수 있기 때문이다. 왜 살아야 하며, 어떻게 살아야 하는지 끊임없이 질문하며 답을 찾아내야 한다. 삶으로부터 무엇을 기대하기보다, 의미를 찾아서 자기 자신이 삶을 담아내는 큰 그릇이 되어야 한다.

## 꿈을 가지라

꿈을 가지면 인생의 방향이 달라진다. 꿈은 곧 희망이다. 그 안에는 최상의 삶에 대한 목표와 굳은 의지가 들어있기 때문이다. 눈을 크게 뜨고서 졸거나 한눈팔지 않고 북극성을 바라보는 한 삶의 궤도를 벗어날 염려는 하지 않아도 된다. 꿈이 없는 사람은 망망대해에서 표류하는 배와 같다. 목적이 없는 사람은 방향을 잃은 배와 같기 때문이다. 삶은 주어진 과제이고 인생을 행복하게 꾸려가는 것은 자신의 의무이다. 누구든지 단 한 번뿐인 소중한 삶을 위해 스스로 인생의 설계자가 되어야 한다. 꿈을 위해 목표를 세우고, 신중하게 최선을 다해 앞으로 나아가야 한다. 목표가 있으면 그 꿈이 나를 이끌어 줄 것이다. 꿈이 있는 사람은 궤도에서 벗어나지 않고 정도를 걸어갈 수 있다.

집이 없을 때 내 꿈은 새집을 갖는 것이었다. 그러나 당시에는 현실적으로 불가능해 보였다. 하지만 일기장에 내가 그리는 꿈을 한 가지씩 조심스럽게 적었다. 꿈을 적고 보니, 그것을 이루기 위해 내가 지금 무엇을 어떻게 해야 하는지 서서히 눈에 보이기 시작했다. 몇 년이 지난 후, 다시 노트를 들여다보니 신기하게도 그 목록의 대부분이 이루어져 있었다. 그 꿈의 목록에는 다음과 같은 것들이 적혀 있었다.

* 물질보다 경험에 필요한 돈 – 검소하고 부지런히 일하는 습관
* 대출금 없는 작은 집 - 알뜰한 살림 습관

* 나를 찾아가는 보물지도 - 독서 습관

* 여행하며 자유롭게 살기 - 건강관리 습관

* 베풀며 살기 - 나눔과 기부


혼자 식탁에 앉아서 노트에 이런 글을 적고 있을 때, 내 수중에는 아무것도 없었고 낡은 아파트에서 변변치 않게 살아가고 있었다. 그렇지만 꿈이 있었고 중요한 것은, 현실을 피하지 않고 그 꿈을 이루기 위해 노력을 멈추지 않았다는 것이다. 꿈을 가지면 지금 내가 무엇을 어떻게 준비해야 하는지 알 수 있다. 막연히 '그때 가면 어떻게든 되겠지'라는 안일한 생각은 자기 삶에 대해 주도자가 아닌 방관자로서 무지하고 어리석은 태도이다. 꿈을 갖고 그것을 향해 도전하고 노력하면서, 나는 감히 상상조차 할 수 없었던 일도 포기하지 않고 꾸준히 해나가다 보면, 마침내 이룰 수 있다는 것을 깨닫게 되었다. 퍼즐 조각을 맞추듯이 한 조각, 한 조각 정성과 시간을 들이다 보면 커다란 그림이 비로소 눈앞에 펼쳐지는 날이 온다는 것을 말이다.

꿈을 그려보자! 처음에는 보잘것없는 계획처럼 보일지라도 정성을 다해 노력하면 마침내 풍부한 수확을 할 수 있다.

나만의 꿈의 정원을 가꾸어야 한다. 잡초를 제거하고 땅을 일구고 씨를 뿌리다 보면, 하나둘 꽃이 피고 열매 맺는 날이 올 것이다. 땀과 노력 없이 얻어지는 것은 아무것도 없다. 꿈을 이루려면 목표를 세우고 해야 할 일을 잘게 쪼개야 한다. 머릿속에 감나무를 상상한다고 해서 감이 내 것이 될 수 없듯이 생각만 하지 말고 행동해야 한다. 지금 할 수 있는 것, 작은 것부터 하나씩 해나가면 된다. 꿈과 목표를 적는 것만으로도 그것에 다가갈 수 있다. 시작이 반이다. 그러면 반만 남는다. 그저 한 발을 내디디면 된다. 아무리 먼 길이라도 작은 한걸음에 달려있다. 이렇게 꿋꿋하게 걸어가는 사람은 어떤 상황에서도 포기하거나 패배하지 않는다. 성공에 대단한 비법이 있는 것이 아니다. 한 걸음을 떼보는 것, 그리고 그 나머지는 반복적이고 꾸준한 노력이다.

### 긍정의 힘 1. 인생은 생각대로 빚어진다

무슨 일을 하든지 성공하고 행복한 사람들의 공통점은 바로 긍정적인 사고방식이다. 그들은 어떠한 어려움 속에서도 안 되는 이유보다 잘 되는 이유를 찾아낸다. 인생은 말대로 되는 법이다. 부정적인 사람은 잘될 거라고 해도 끝까지 안 될 거라고 말한다. 그들은 아무리 좋은 환경에서도 안 되는 이유만 찾아낸다. 그래서 부정적인 사람과 대화하기가 가장 힘들다. 그들은 에너지를 그렇게 쓴다. 인생은 생각으로 빚어진다. 그러니 생각을 바꿔야 한다.

'나는 왜 하는 일마다 안 되는 걸까', '나는 왜 맨날 이 모양 이 꼴로 사는 걸까', '나는 항상 운이 없어'라고 신세 한탄만 하는 사람은 실제로 자신이 그렇게 생각하고 말한 것이 현실로 나타난 것뿐이니 이상한 일이 아니다. 긍정적인 생각을 하면 긍정적인 일이 나를 찾아오게 되어있다. 생각이 꼬여 있으면 인생이 꼬인다. 부정적인 생각과 절망은 스스로를 울타리에 가두어 버린다. 반면에 잘될 거라는 생각은 자기존중에서 비롯된다. 자신에 대한 믿음은 스스로 용기를 주고 무슨 일이든 할 수 있는 원동력이 되어주기 때문이다.


긍정의 힘 2. 관점을 바꾸면 걱정도 기쁨이 된다

모든 것은 관점에 따라 달라진다. 우산장수와 짚신장수인 두 아들을 둔 어머니의 이야기를 들어본 적이 있을 것이다. 이 어머니는 해가 쨍쨍한 날에는 우산장수인 아들을 걱정하고, 비가 내리는 날에는 짚신장수 아들을 걱정한다는 이야기이다.

어머니라면 아들을 걱정하는 것이 당연한 일이겠지만 관점을 조금 바꾸면 걱정할 일도 기쁨이 될 수 있다. 해가 쨍쨍하면 짚신이 잘 팔려서 좋고, 비가 내리면 우산이 잘 팔릴 테니 걱정하지 않아도 된다. 관점을 바꾸면 걱정이 사라진다. 여름에는 덥다고 투덜대고 겨울에는 춥다고 투덜대면 계절이 바뀔 때마다 짜증이 날 수밖에 없다. 그런 사람에게는 계절이 아무것도 해줄 수가 없다. 여름에는 덥고 겨울에는 추워야 그게 정상이다. 그것이 계절의 매력이다.

긍정의 힘 3. 결국엔 좋은 일이 된다

아무리 긍정적이라 해도 생각대로 안 될 때도 있다. 그럴 때마다 나는 이렇게 생각한다. 지금은 이게 나한테 더 좋은 것이고 아직은 때가 이르지 않았기 때문이라고.

어느 여름날 외출 준비를 마치고 집을 나서던 참이었다. 현관에서 신발을 신고 음식물 봉투를 집어 드는 순간 봉투가 찢어지면서 음식물 쓰레기가 현관 바닥에 다 쏟아졌다. 시간도 여유롭지 않고 날씨도 습한데 시큼한 냄새까지 더해져 순간 짜증이 났다. 음식물을 다시 주워 담고 나서 바닥을 닦고 있는데 이런 생각이 들었다. '이것은 아마도 좋은 일이 생기려

는 징조일 거야.'

그 후로 생각지 않은 일이 생겨 시간이 지체되거나 길을 잘못 들어 돌아가는 일이 생겨도, 결국은 모든 게 나에게 유리하게 될 거라는 긍정적인 사고를 갖게 되었다. 원하는 일이 지체될 때도, 그 문제를 풀기 위해 더 좋은 방안을 찾기 위한 암시라는 생각으로 기다리면 된다. 지나고 나면 그 생각이 옳았다고 이해되는 때가 많다. 긍정은 자신이 할 수 있는 '가장 좋은 생각'이다. 잘될 거라는 믿음과 확신이 있으면 정말로 그렇게 된다. 긍정을 내 안에 품으면 상황에 상관없이 모든 게 나에게 유리한 방향으로 흘러간다.

긍정의 힘 4. 운을 좋게 한다.

운은 결국 내가 만드는 것이다. 운이 좋은 사람들의 공통점은 긍정적이라는 것이다. 마음을 꼭꼭 닫고 있는 사람보다 언제나 열린 마음으로 기대하고 바라는 사람에게 운도 따르는 법이다. 좋은 운을 가진 사람은 어떠한 난관이 있더라고 뛰어넘을 수 있는 잠재력이 있다. 아무리 어려운 일이 닥쳐오더라도 결국엔 다 잘될 것이라는 믿음을 가지면 그렇게 되는 것이다. "잘될 거야"라는 말 한마디가 상황을 좋은 쪽으로 이끌어

준다. 아무것도 하지 않으면서 행운이 오기를 기다리는 것은 어리석다. 좋은 생각을 품고 기대할 때 행운도 따라온다. 고난을 견디면 좋은 것이 온다. 고난은 삶의 방향을 바꾸라는 신호이기 때문에 우선 멈추고 점검해야 한다. 고난과 역경은 부정적으로 보기보다 방법을 바꾸라는 인생의 메시지로 받아들여야 한다. 그러므로 인생의 고비가 왔을 때는 부정적인 시각보다 긍정으로 받아들이고 쉬어갈 필요가 있다. 고난이 왔을 때는 한 템포 쉬면서 즐거운 마음으로 그것을 들여다보아야 한다. 모든 일이 잘 될 때보다 오히려 고난이 왔을 때 운을 바꿀 수 있는 기회이자 삶의 전환점이 될 수 있다.

운전 중에 앞차가 갑자기 끼어들었을 때 화를 내면 기분이 상하는 것은 상대방이 아니라 나 자신이다. 그럴 땐 '그럴 만한 이유가 있겠거니' 하고 너그럽게 보내주면 된다. 그뿐만 아니라 별것도 아닌 일에 화내지 않고 양보해 주는 자신이 괜찮은 사람이라는 생각이 들어 뿌듯하다. 이보다 한 단계 성숙한 사람의 태도는 다음부터는 상대방이 그렇게 하지 않기를 바라고, 베스트 드라이버가 되기를 진심으로 빌어주는 것이다. 짜증을 낸다고 해서 엘리베이터가 더 빨리 오는 것은 아니다. 다른 사람에 대한 부정적인 시각과 비난은 결국 마음에 들지 않는 자기 자신에 대한 불만의 표출이다.

우리의 몸은 신전이고 우리는 저마다 자기만의 왕국의 왕이다. 사람의 다양성을 존중하면 편견에서 벗어날 수 있다. 사소한 것도 친절을 베풀어 보라. 내가 먼저 길을 양보하면 몇 배의 친절로 되돌려 받는다. 반면에 사소한 일로 화를 내면 기분만 상한다. 선을 행하는 사람은 자신이 그 복을 받게 되고, 화를 내면 그 화가 부메랑이 되어 결국 자신에게 돌아오는 법이다.

## 행복론

　행복은 더 이상 바라는 게 없는 상태이다. 즉 스스로 만족하는 사람의 것이다. 우리는 살아가면서 좋은 배우자를 만나 결혼을 하고, 아이를 낳고 기르면서 인생에서 가장 큰 기쁨의 순간을 만나기도 한다. 그러나 행복이 때로는 불행을, 불행이 행복을 가져오기도 한다. 행복 뒤에는 고난이 숨겨져 있고 고난 뒤에는 행복이 숨겨져 있는 법이다. 행복하게 살려면 욕심을 버리고 쾌락을 멀리하며, 진리에 대한 확고한 신념을 토대로 그저 옳다고 생각하는 길을 묵묵히 따라가는 수밖에 없다. 그러면 빈 껍데기들은 모두 바람에 날아가 버릴 것이다.

　마음이 가장 편안할 때 우리는 행복함을 느낀다. 그러기 위해서는 자아를 존중하고 삶에 대한 책임감을 가져야 하며 걱정이나 불안에 얽매이지 말아야 한다. 돌이킬 수 없는 과거에 대한 집착은 우울감을 불러오고, 통제할 수 없는 미래에 대한 두려움은 불안을 유발한다. 행복하려면 행복이라는 말조차 잊은 채 현재에 온전히 집중하며 살아야 한다. 집을 사고 취업을 하고 인생의 반려자를 만나는 등 굵직한 일들이 꼭 행복을 주는 것은 아니다. 행복은 인생이란 길 위에 언제나 놓여 있다. 그것을 발견하는 게 어쩌면 주어진 삶의 과제인지도 모른다. 어떤 사람이 안 됐다며 혀를 차는 일도 다른 이에게는 행복일 수 있다. 삶에 무리한 것을 요구할수록 삶은 더 힘들어지고 행복에서 멀어진다.

중용을 지키고 삶에 초연한 사람은 흔들림 없이 걸어갈 수 있다. 푸시킨의 시처럼 삶이 우리를 속일지라도 불평하거나 노여워하지 말자. 슬픔의 날을 견디면 기쁨의 날이 찾아온다. 삶이 우리에게 무엇을 주든 놀라지 말고 담담하게 받아들이자. 살아있는 것에 감사하면 존재만으로 행복하다. 시간과 공간, 그 안에 내가 있는 것으로도 충분한 기쁨이 될 수 있다.


## 최고의 지혜는 나를 아는 것

인생은 결국 나를 찾아가는 여정이다. 내가 누구인지 알면 왜 살아야 하는지, 어떻게 살아야 하는지에 대한 답을 찾을 수 있다. 성공한 인생이 되려면 자신이 잘하는 것, 좋아하는 것이 무엇인지 알아야 한다. 그래야 성장하고 발전할 수 있다. 내가 무엇을 할 때 만족하고 집중할 수 있는지 알면 자신에게 한 발 더 가까워질 수 있다. 가장 소중한 친구는 자기 자신이다. 나와 가장 친밀하고 스스로를 도울 수 있는 사람도 오직 자신뿐이다. 나에게 무엇이 필요하고, 어떨 때 행복하고 그렇지 않은지 가장 잘 아는 사람은 자기 자신이기 때문이다. 자신을 믿으라! 그래야 온전히 존재할 수 있다. 가장 사랑하며 끝까지 함께 할 사람도 역시 나 자신이다.

자신을 알고 사랑하는 것이 인생 최대의 과제이다. 인생은 선물이고 우리 각자는 살아있는 최고의 예술품이다. 스스로를 존중하고 기뻐하는 것은 선물 받은 사람이 할 수 있는 최고의 찬사이다. 자신을 사랑하자. 어떻게 생겼고 무슨 일을 하느냐보다 주어진 생명에 감사하고 기뻐하는 것만으로도 충분히 행복한 사람이 될 수 있다.

행복하게 산다는 것은 자기 자신과 화목하게 사는 것이다. 사랑으로 자신을 가득 채우면 다른 사람에게 나누어 줄 수 있다. 자아를 존중하고 신념을 가지고 살아야 남의 잣대에 흔들리지 않는다. 온 마음을 담아 내가 할 수 있는 일을 하라. 돈벌이를 위해 어쩔 수 없이 하는 일이 아니라 즐겁게 할 수 있는 일을 찾아야 한다. 그래야 탄탄한 인생길을 갈 수 있다.

나에게 기쁨을 주는 일을 하면 즐겁게 살 수 있다. 돈 많은 부모를 만나고, 좋은 학벌에, 돈을 많이 벌어야만 성공한 인생은 아니다. 출생의 귀족 신분의 귀족보다, 정신의 귀족으로 사는 것이 가장 성공한 삶이다. 자신의 개성을 존중하며 순수한 마음으로 무엇이든 배우려는 자세, 선한 영향력을 가진 사람이 되려고 노력할수록 인격이 높아지고 그에 따른 보상을 받는다.

내가 허락하지 않는 한 어떤 것도 마음의 평화를 빼앗아 가지 못한다. 그러므로 자신을 돌보고 자신에게 가장 좋은 것만을 허용하자. 평정심을 유지하는 비결은 불필요한 것에 시선을 돌리지 않고 나에게 온전히 집중하는 것이다. 주어진 자유의지를 쓸데없는 일에 낭비하지 말고 선한 일에 이용하자. 이것이 나다운 삶이고 나를 찾아가는 길이다.

나를 알고 찾아가는 것이
궁극의 지혜이다.
내가 무엇을 할 때
즐겁고 기쁜지 알아야
행복한 삶을 꾸려갈 수 있다.

# 홀로서기

남에게 기대지 말자

　반딧불이처럼 자신의 빛으로 살아가자. 남에게 기대려는 마음은 자신을 하찮은 사람으로 여기는 것과 같고 자신의 무능력을 드러내는 것이다. 사람은 의존할수록 나약해지고 존재는 불안정해진다. 남에게 의존하는 사람은 걸인과 다를 바 없다. 무엇이든 스스로 해나갈 때 강해진다. 강한 사람은 홀로서기를 즐긴다. 힘은 외부에 있는 것이 아니라 내 안에 있으므로 홀로 설 때 자기 능력을 발견할 수 있다.

　삶을 스스로 꾸려나가야 한다. 다른 사람의 관심과 동정을 바라는 것은 바람직한 삶의 자세가 아니다. 자기 행복을 타인에게서 찾지 말자. 스스로가 만족하지 않으면 그 누구도 나를 행복하게 해줄 수 없다. 남에게 기댈수록 자신의 빛은 희미해진다. 스스로 굳게 설 때 자신의 진가를 알 수 있다.

홀로 설 때 강해진다. 운동선수는 태어날 때부터 능력을 타고난 것이 아니라 끊임없이 연습하고 자신을 단련한 결과물이다. 생각하는 힘과 행동하는 모든 것이 마음의 근육을 단련하는 일이다. 그러니 혼자 힘으로 할 수 있는 것은 무엇이든 스스로 해결하자. 두 다리에 힘을 주고 설 때 걸어갈 힘도 생긴다. 자신의 힘으로 하려는 의지는 책임감을 주며 삶을 의도적으로 꾸려나갈 수 있게 해준다.

어둠을 탓하지 말고 촛불을 켜자. 어떤 상황이든지 헤쳐나갈 방법은 반드시 내 안에 있다. 문제가 내 앞에 있다는 것은 좋은 것이다. 그것을 똑바로 보면 해결점도 찾을 수 있다. 위기는 삶을 정돈할 좋은 기회다. 나쁜 것처럼 보이는 것일지라도 우리를 배움과 성장으로 이끈다면 문제는 문제가 아니고 축복이다. 지금 돈 문제가 나를 힘들게 한다면 지금이 바로 돈에 대해 알 기회가 온 것이므로 기뻐해야 한다. 마찬가지로 인간관계로 힘들다면 이는 관계를 정리하라는 인생의 메시지다. 겸허한 마음으로 모든 것을 헤쳐 나갈 때 삶에 대한 통찰력이 생기고 그 속에 숨어있는 보화를 얻을 수 있다.

강한 사람은 홀로 선다.
홀로 설 때 자신의
진가를 알 수 있다.

인간관계를 단순화할 필요가 있다. 관계가 복잡할수록 삶에 도움이 되는 것이 아니라 방해만 될 뿐이다. 그럴수록 서로가 서로에게 걸려 넘어지게 된다. 친구가 많다고 해서 성공한 인생은 아니다. 평생의 친구는 한 둘이면 족하다. 사회적으로 성공한 사람과 알고 지낸다고 해서 내 존재감이 더 커지는 것은 아니다. 성공한 사람은 그 사람이지 내가 아니기 때문이다. 마찬가지로 알고 지내는 사람이 많다고 해서 외롭지 않은 것은 아니다. 우리는 오히려 사람들 속에 있을 때 종종 더 많이 고립되기도 한다. 그래서 더 많은 사교를 원하는 것인지도 모른다. 흔히 남보다 가족에게 상처받는 일이 더 많이 생긴다. 가까운 관계일수록 기대치가 높고 그에 따른 실망감도 크기 때문이다. 가족이라고 해서 모든 것을 다 포용할 수 있는 것은 아니다. 오히려 가까운 관계일수록 더 거리를 두고 예의를 지켜야 서로에게 상처를 주지 않게 된다.

또한 아무리 친한 사이라도 용건도 없이 전화를 한다거나 불러내어 남의 소중한 시간을 빼앗아서는 안 된다. 자주 만날수록 상처받고 실망할 수 있다. 가족이든 친구든 오랜만에 만나야 반가운 법이다. 누구나 자기 몫의 삶이 있고 누구에게든 방해받지 않고 살아갈 권리가 있다. 사람 사이가 너무 가까우면 화상을 입을 수도 있다. 그러므로 서로 적당한 거리를 유지하자. 그래야 은은한 온기를 느낄 수 있다.


### 비워야 성장한다

사는 게 힘겹다면 그것은 내려놓고 비우라는 신호다. 그럴 때는 되도록 사람을 만나지 말고 자기 내면으로 더 깊숙이 들어가야 한다. 그러면 마음의 평안을 찾을 수 있을 뿐만 아니라 부여잡고 있었던 많은 것들이 대수롭지 않은 것임을 깨닫게 된다. 비워야 내 안의 나를 의식하며 능동적으로 살 수 있다. 마음을 어지럽히는 잡동사니를 수시로 비워내야 한다. 집착과 불안, 시기와 질투, 증오와 불신, 원망과 불평, 탐욕과 교만은 모두 마음의 쓰레기다. 영혼의 불순물을 모두 걷어내면 마음이 텅 비워지고 순수해진다. 안개가 사라지듯 머릿속이 맑아지면 비로소 내가 보이고 길이 보인다.

비워야 변화하고 성장한다. 비움의 지혜는 나무 한 그루만 보아도 알 수 있다. 땅속 깊이 뿌리를 박고 굳게 서 있는 나무는 혹독한 추위를 이겨내고 빈 가지에 비로소 새순을 내

민다. 정체된 삶에서 벗어나는 길은 나를 완전히 비우는 데 있다. 그러면 원초적인 자기 자신으로 돌아올 수 있다. 자기 자신으로 온전히 서 있을 때 자신을 돌볼 수 있고 현재에 집중할 수 있다. 무엇이든 비우지 않으면 정체된다. 자기 자신을 끊임없이 비우고 내려놓을 때 변화하고 성숙해진다.

### 고독은 정신이 고귀한 사람들의 은신처다

인간에게 자신의 영혼보다 더 안락하고 한적한 은신처는 없다. 사람은 홀로 있을 때 완전한 자기 자신으로 돌아올 수 있기 때문이다. 고독은 고결한 정신의 사치이며 마음의 갈증을 해소해 주는 샘물이다. 육체에 휴식이 필요하듯이 마음에도 쉼표가 필요하다. 세파에 이리저리 치이고 상처받은 마음을 치료할 시간이 필요하다. 마음속의 불순물을 모두 걷어내면 머릿속이 정돈되고 편안해진다. 그러기 위해 무엇을 따로 할 필요는 없다.

조용히 혼자만의 시간을 갖고 자신에게 집중하면 된다. 홀로 있을 때 가장 평온한 상태가 되기 때문에 자신의 마음을 들여다보기만 해도 편안함을 느낄 수 있다. 아무것도 하지 않고 가만히 앉아서 호흡에 집중하는 것만으로도 마음이 깨끗해지고 정돈되는 느낌이 든다. 마음의 물결이 잔잔해지면 공기의 흐름을 피부로 느낄 수 있고 새소리를 들을 수 있다.

외로움은 정신적 빈곤이지만 고독은 영혼의 부유함이다. 고독은 자발적 외로움이다. 스스로 외로움을 선택하는 사람은 홀로 있음을 즐길 줄 안다. 이를 통해 자아를 발견하고 다듬고 성장할 수 있다. 자신이 불편한 것은 몸과 마음이 하나가 되지 못하기 때문이다. 집이 비어있으면 쓸쓸하듯이 마찬가지로 마음이 제자리에 있지 못하고 방황하기 때문에 외로운 것이다.

고독은 자신과의 가장 긴밀한 접속이며 그 속에는 마음을 소생시키는 마법이 들어있다. 되도록 에너지가 소모되는 만남과 불필요한 지출을 하지 않으면 마음이 평온해진다. 수도승처럼 살라는 게 아니라 불필요한 소비와 관계를 비우는 게 유익하다는 말이다. 사람의 모든 폐단은 집안에 가만히 있지 못하는 데서 생긴다.

서로에게 도움이 되지 않는 한 혼자 있는 것이 모든 면에서 유익하다. 외롭다고 해서 사람을 만나면 더 공허하고 쓸쓸해진다. 자신을 의지하지 않고 타인을 의존할수록 외로움은 더해지기 때문이다. 이를 치유할 수 있는 것은 타인이 아니라 자기 자신이다. 어쩔 수 없는 경우를 제외하고 대부분 시간을 홀로 보내는 것이 유익하다고 생각한다. 사람들을 만나면 이런저런 생각에 얽매이고, 마음의 물결이 가라앉는 데 시간이 걸린다.

혼자 있으면 하고 싶은 일에 몰두할 수 있어서 좋다. 책을 읽거나 음악을 들으며 바느질을 하고 있으면, 내가 나에게 좋은 것을 선물하는 느낌이 든다. 나에게 온전히 집중할 때 시간을 제대로 보내고 있다는 느낌이 든다. 물건을 사들이고 많은 사람들 속에 있었을 때보다, 도서관의 구석진 자리에서 책을 읽고, 산책하며 사색에 잠길 때, 내면의 깊숙한 곳에 숨겨진 보화를 발견할 수 있었다. 고독은 잃어버린 시간을 되찾게 해주었고 내 안에 우물이 있음을 알게 해주었다. 홀로있음을 즐기려면 세상에서 나만 외톨이 같다고 절망하고 쓸쓸해하지 말고, 때로는 내가 세상을 소외시킬 줄 아는 용기와 지혜가 필요하다.

서로의 발전에 도움이 되는 관계야말로 좋은 관계이다. 사업적으로 중요한 관계, 위로가 필요하고 축하할 만한 가치가 있을 때만 사람을 만나야 한다. 그렇지 않은 관계는 모두 시간과 에너지 낭비다. 특히 만날 때마다 남의 흉을 보고 자신의 고민거리를 늘어놓는 사람을 주의하라. 그런 사람은 뱀파이어 같은 에너지를 가진 사람이다.

이처럼 부정적인 사람은 자신의 감옥에 갇혀있어 사는 게 힘겨워서 다른 사람의 긍정적인 에너지를 빼앗아 가며 상대를 지치게 만든다. 아무리 남을 흉봐도 그들은 바뀌지 않는다. 남이 바뀌기를 기다리는 것보다 내 생각을 바꾸는 게 더 빠르다. 마찬가지로 고민거리를 남들에게 털어놓는다고 해서 문제가 해결되는 건 아니다.

그러느니 옷장을 정리하는 게 더 유익하다. 남의 허물을 들춰내기보다 그것을 반면교사로 삼는다면 그보다 더 나은 사람이 될 수 있다. 최고의 선(善)은 물과 같다. 물은 낮은 데로 흐르며 장애물이 있으면 그것을 탓하지 않고 돌아서 가고, 모든 것을 받아 결국엔 바다를 이룬다. 남의 눈의 티를 보지 않으려면 자신을 볼 줄 알아야 한다.

나를 돌아볼수록 내 눈은 맑아지고 깊어진다. 남들에게 인정받고 싶다면 스스로가 결백해야 한다. 그러면 세상도 나를 인정해 줄 것이다. 성장하기를 바란다면 남을 탓하지 말고 언제나 정의의 편에 서 있도록 깨어 있어야 한다.

남의 일에 참견하지 말고 내 일에 집중하자. 다른 사람의 일에 참견하는 것은 상대방을 위하는 게 아니라 자신의 우월감에서 비롯된다. 남에게 베푸는 행위도 대부분은 자신을 내세우려는 데 있다. 남을 돕고 싶다면 나에게 갚을 수 없는 사람을 도와주어야 한다. 어떤 일이 벌어지든 해결할 수 없다면 내버려 두고 내 일에 집중해야 한다. 뉴스도 하나의 상품이다. 정신을 온전히 보전하고 싶다면 되도록 뉴스를 접하지 말아야 한다. 아침에 일어나자마자 전화기를 들여다보면 뇌는 세상의 온갖 사건으로부터 공격당하게 된다. 내 인생을 꾸려가기에도 버겁고 신경 쓸 일이 많은데 갖가지 일에 휘둘리며 살 필요는 없다.

내가 먼저 잘 살아야 한다. 그래야 베풀 힘도 생긴다. 이것은 이기적인 태도가 아니라 삶에 대한 기본자세이며 자신에 대한 사랑이다. 내가 능력을 갖추면 어떠한 처지에 있더라도 두려움 없이 당당하게 살아갈 수 있다. 문명의 한복판에서도 자연의 원주민처럼 살아가려는 태도가 중요하다. 그들은 가진 것이 없어도 자연에 순응하며 행복하게 살아간다. 야생에는 원초적인 힘이 숨겨져 있다는 것을 알고 그것을 신뢰하기 때문이다. 자연은 만족할 줄 아는 사람에게 더 많은 것을 준다. 혼자서도 시간을 보낼 줄 아는 사람이 되자. 조용한 생활을 하고 남의 일에 간섭하지 말고 열심히 일하자. 그러면 사람들에게 존경받을 것이며 경제적으로도 풍족해질 것이다.

## 자신의 가치를 높이라

나의 하루는 기도를 하고, 기지개를 켜고, 침구를 정리하고, 아침 해를 맞이하며 차를 마시면서 시작된다. 이러한 아침 루틴은 마음을 차분하게 해주고 일의 집중도를 높여 의미 있는 하루를 만든다. 조용한 시간에 애정을 가지고 나를 돌보는 이러한 행위는 연료를 채우듯 몸과 마음에 긍정적인 효과를 준다. 과녁은 늘 그 자리에 있지만 활을 쏠 준비가 된 사람만이 목표점을 맞힐 수 있다.

마음이 정돈돼야 집중력이 생기고 일도 잘 해낼 수 있다. 시간을 어떻게 보내느냐에 따라 하루의 본질이 달라진다. 아무리 사소한 일일지라도 시간을 내어 그것을 음미해 보는 것은 대단히 의미 있는 일이다. 그날에 해야 할 일을 종이에 적어 보는 것도 하루를 성공적으로 보낼 수 있는 비법이다. 해야 할 일이 무엇인지 알고, 그 일을 도울 수 있는 사람은 자기 자신뿐이다. 내 일을 사랑하고 그 일에서 가치를 발견하자. 신념을 가지고 원칙을 지키며 사는 사람은 그 무엇에도 흔들리지 않으며 그 누구에게도 빼앗기지 않는다.

자신의 힘으로 살아갈 능력이 있는 사람은 모든 걸 잃어도 다시 일어설 수 있다. 힘과 능력은 외부에 있는 것이 아니라 내 안에 있다. 삶의 가치를 더해주는 것은 건강을 관리하는 습관, 일하는 습관, 공부하는 습관이다. 일할 수 있는 능력과 건강은 황금보다 더 귀한 것이다. 그리고 배움에 대한 열정과 노력은 자신의 가치를 높일 수 있는 좋은 방법이다.

아무것도 원하지 않고 아무것도 두렵지 않은 사람은 자유로운 사람이다. 더 이상 잃을 것도 없기 때문에 그 무엇에도 얽매이지 않고 자유롭게 살 수 있다. 하고 싶은 일을 하고, 언제든 가고 싶은 곳을 갈 수 있다. 직업을 스스로 선택할 수 있는 사람이 되자. 농부나 어부, 사업가가 될 수도 있고 여행가가 될 수도 있다.

남이 시키는 대로 사는 사람은 노예의 삶이고, 스스로 하고 싶은 일을 하면 주인으로 살 수 있다. 세상의 틀에 갇히지 말고 삶의 개척자로 살아야 한다. 마음이 가난한 사람은 부유하다. 가진 것이 적어도 자유롭게 살아갈 수 있는 사람이 진정한 부자다. 자발적 가난을 선택하고 삶을 더 깊이 있게 능동적으로 살아가자. 인간은 작은 존재다. 욕심을 내려놓으면 적은 것으로도 넉넉하게 살아갈 수 있다. 가치 있는 생활방식은 물질에 의존하지 않고 홀가분하게 사는 것이다.

자발적 가난을 선택하고
삶을 더 깊이 있게
능동적으로 살아가는
사람이 부유한 사람이다.

# 운명을 사랑하기

지금 이 순간이 삶이다

우리가 진정으로 소유할 수 있는 것은 '지금 이 순간' 뿐
이다. 그러므로 시간을 의미 있게 보내려면 지금을 온전히 살
아야 한다. 우리에게 주어진 오늘은 삶에 단 한 번뿐인 최초의
오늘이다. 순간순간 살아있음을 느끼며 감사한 마음으로 살자.
이것이 삶에 대한 올바른 태도이며 자신에 대한 궁극적인 사
랑이다. 주어진 시간은 삶이라는 연극 무대이고 그 무대의 주
인공은 바로 나 자신이다.

인생은 연습도 없고 미래를 예측할 수도 없다. 하루하루
를 그저 기쁨으로 맞이하고 성실하게 보내야 한다. 삶의 유한
함을 알고 한발 한발 정성을 다해 걸어간다면 후회가 남지 않

을 것이다. 스스로를 자각할 때 존재함을 느낄 수 있다. 순간 순간 깨어 있을 때 삶은 깊어지고 확장된다. 과거에 얽매이고 미래를 걱정하느라 현재를 놓쳐서는 안 된다. 삶은 과거도 미래도 아닌 오직 현재이기 때문이다. 무엇을 새롭게 다짐하고 시작할 수 있는 기회도 바로 지금에 있다. 순간을 자각하며 온 마음을 다해 살아간다면 시간을 낭비하지 않고 오롯이 삶에 집중할 수 있다.

부정적인 생각은 마음을 어지럽히기 때문에 부정적인 감정과 나를 동일시하지 말고 떼어 놓아야 한다. 고통과 망상은 그저 허울에 불과할 뿐이다. 모든 것은 현상일 뿐이며 현재에 집중하면 그것은 나에게 영향을 미치지 못한다. 그것을 알아차리는 순간 사라지기 때문이다. 잠시 자기 자신을 바라보는 것만으로도 효과가 있다. 불안과 두려움은 현재에 집중하지 않고 삶에서 멀어지기 때문에 생기는 것이다. 현재에 집중하면 삶과 온전히 하나가 될 수 있다. 삶은 언제나 지금 여기에 있다. 행복한 삶은 과거도, 미래도 아닌 지금, 이 순간이다.

현재의 이 시간이 너에게 선물이 되도록 하라.
– 마르쿠스 아우렐리우스(Marcus Aurelius Antoninus)

있는 그대로의 나를 사랑하자

다른 사람과 비교하며 운명을 탓하지 말자. 있는 그대로의 모습이 본래의 나다. 누구든지 국적, 나이, 부모를 내 의지로 선택할 수 없다. 타고난 운명을 감사하라. 이 나라에서 나고 자란 것, 내 부모님의 자녀로 태어난 것에 감사하자. 환경을 탓해봐야 불행감만 더할 뿐이다. 정치인을 비난하지 말라. 어찌 됐든 내가 국가라는 테두리 안에서 자유롭게 살 수 있는 것은 누군가의 노력과 희생이 있기 때문이다. 재벌 집에 태어났더라면 행복할 것 같지만 달의 이면에 어둠이 있듯이 아무리 완벽해 보이는 사람이라도 들여다보면 나름의 고충이 다 있는 법이다.

내 모습 그대로를 사랑할 때 강해지고 스스로 빛나는 존재가 될 수 있다. 나의 단점마저도 사랑하면 단점도 장점이 될 수 있다. 평소에 자주 아픈 사람은 건강을 자만하지 않고 자신을 아끼고 돌보기 때문에 큰 병에 걸릴 확률이 낮다. 외모나 능력 등 겉으로 볼 때 완벽해 보이는 사람도 빈틈이 있기 마련이다. 인간은 완벽한 존재가 될 수 없다. 그래서 삶은 가치가 있고 소중한 것이다. 자신을 보완하고 극복해나가는 게 우리에게 주어진 삶의 과제이기 때문이다.

조선 중기의 시인 김득신의 묘비에는 이런 글이 적혀 있다. "재주가 남만 못하다고 스스로 한계를 짓지 말라. 나보다 어리석고 둔한 사람도 없겠지만 결국에는 이룸이 있었다. 모든 것은 힘쓰는 데 달렸을 따름이다."

사람은 외면보다 어떤 가치관을 가졌는지, 어떤 일을 하느냐보다 어떤 사상을 가졌는지가 더 중요하다. 남과의 비교를 멈추지 않는 한 열등감의 그늘에서 벗어날 수 없다. 그보다 뛰어난 사람은 어디에든 존재하기 때문이다. 내 모습 그대로를 인정하고 열심히 일하고 노력하다 보면 만족감이 생기고 자존감도 높아진다. 남에게 인정받으려는 마음을 버려야 한다. 칭찬받고 싶은 욕구도 자신에 대한 믿음과 애정이 부족함을 뜻한다.

결과에 연연해하지 않고 최선을 다해 스스로 만족할 때 행복하다. 자신을 믿고 끊임없이 노력하며 어제의 나와 오늘의 나를 비교하자. 환경을 탓하지 말라. 현명한 사람은 어떤 환경에서도 열정과 노력으로 역경을 이겨낸다. 불평하지 말라. 아우렐리우스 황제의 말처럼 오이가 쓰면 내다 버리면 되고, 길가에 가시덤불이 있으면 돌아가면 된다. 주어진 것에 감사하며 자신을 사랑하는 사람은 사막에서조차 꽃을 피워낼 줄 안다.


## 운명을 사랑하면 운명도 내 편이 된다

우리는 삶의 불완전함마저도 받아들이고 사랑해야 한다. 그러면 운명도 우리를 사랑해 줄 것이다. 그러면 우리를 힘들고 아프게 했던 것이 오히려 더 나은 방향으로 이끌어 준다. 그 당시에는 힘들었던 일도 지나고 나면 오히려 그것이 나에게 득이 된 것을 알 수 있다. 삶의 여러 가지 문제는 시간이 지나고 나면 문제가 아니었음을 깨닫게 되는 때가 많다. 결핍을 이겨내면 풍요로움이 되듯이 문제도 잘 풀어내면 행운이 된다.

우리에게 찾아오는 어려움은 다 의미가 있다. 터널이 지나면 밝은 햇살이 기다리고 있듯이 그것을 이겨내면 한 단계 더 성숙한 사람이 될 수 있다. 어려움을 이겨내면 인생도 한 단계 성장한다. 주어진 운명을 받아들이면 역풍도 순풍처럼 여겨진다. 절망 속에도 희망은 있다. 극복하지 못하면 굴복하게 된다. 살아낸다는 것은 곧 버텨내는 것이다. 아무리 힘든 일이 오더라도 꿋꿋하게 버텨낸다면 머지않아 기쁨의 날을 맞이할 것이다. 신은 누구에게나 공평하게 기회를 주신다. 봄이 오면 어디에든 꽃이 필 것이다.

인생은 연습도 없고
앞날을 예측할 수도 없다.
그저 주어진 하루하루를
기쁨으로 맞이하고
충만하게 보내야 한다.

## 소중함의 가치

삶의 모든 문제는 소중함의 결여에서 비롯된다. 돈을 소중히 대하지 않으면 돈의 노예가 되고, 자신을 비롯하여 사람을 소중히 대하지 않으면 관계가 틀어진다. 마찬가지로 물건을 소중히 대하지 않으면 초라하고 궁핍해지며, 시간을 소중히 하지 않으면 시간에 쫓기며 허둥지둥 살게 된다. 하루를 소중히 다루면 그 하루가 우리에게 충분한 보상을 준다. 자연에 감사하고 낮과 밤을 효율적으로 이용하는 사람이 되자. 주어진 삶에 감사하며 최선을 다해 살아가자. 인간의 다양성을 인정하고 존중하자. 인간은 다 고귀한 존재이며 축복받고 사랑받을 권리가 있다.


## 베풀며 살라

풍요롭게 살고 싶다면 남에게 베풀라. 줄 수 있다는 것은 내가 가진 것이 그만큼 충분함을 의미한다. 베푼 것은 긍정의 힘을 발휘하여 세상을 바꾸고 다시 나에게 돌아 온다. 베풀면 하나님은 그것의 몇십 배로 채워주신다. 베푼다는 것은 내가 최고의 삶을 살고 있다는 것을 인정하는 것이다. 선한 영향력을 다른 이에게 전할 수 있는 가장 좋은 방법은 베푸는 삶이다. 그러면 나만 잘먹고 잘살면 된다는 식의 이기주의에서 벗어날 수 있을 뿐만 아니라 상상할 수 없을 정도로 큰 기쁨을 누릴 수 있다.

남에게 기대려는 생각을 버리고 내가 남을 위해 무엇을 해줄 수 있을까를 궁리해야 한다. 우리는 남에게 도움을 줄 때 존귀해지고 행복해진다. 아무리 가난한 사람이라도 베풀며 살 수 있다. 친절과 미소는 돈이 들지 않는다. 능력이 있는 사람은 많이 베풀지만, 마음만 있다면 얼마든지 베풀며 살 수 있다. 남을 돕는 것은 결국 나를 돕는 것과 같다. 베푼다는 것은 우리 안의 온기를 나누어 주는 것이다. 그 온기가 모이면 세상은 더 따뜻해질 것이다.

고난에는 의미가 담겨있다.
삶의 어려움을 이겨낼 때마다
인생도 한 단계 더 성장한다.

'무엇을 위해 그렇게 바쁘게 뛰어가는 것일까?' 요즘 사람들의 모습을 보면서 생각해 봅니다. 더 많은 돈을 벌어서 미래에 남부럽지 않게 행복한 삶을 살고 싶은 것은 누구나 다 같은 생각일 것입니다. 그렇다면 그 미래는 언제일까요? 삶은 지금 이 순간순간이 모여 이루어지는 것인데 그 언젠가를 위해 지금 중요한 것을 놓치고 있는 것은 아닌지 묻고 싶습니다.

저 또한 그렇게 살았습니다. 그러나 삶의 반환점을 돌면서 자문하지 않을 수 없었습니다. 왜 그렇게 땀을 흘려가면서 복잡하게 사는 것일까? 삶은 단 한 번뿐이고 소중한 것인데 내가 내 삶의 주체가 되지 못하고 남들의 시선, 사회가 만들어 놓은 잣대에 꿰맞추느라 나를 혹사하며 강요하고 있지는 않은지.

나를 돌아보고 재테크에 몰두하며 돈에 대해 알아가던 중 단순한 삶에 관심을 두게 되었습니다. 삶의 본질에 충실할수록 삶은 더 단순해졌고 명확해짐을 느꼈습니다. 돈을 벌기 위해 아등바등하기보다 필요한 만큼만 갖기로 한다면 삶이 한층 더 여유롭고 행복하지 않을까요? 행복은 가진 것과 비례하지 않으니까요. 생명을 위해 많은 음식을 먹을 필요도 없고, 살아가는 데는 그리 많은 돈이 필요하지 않다는 것을 깨달았습니다. 남과 비교할 필요 없이, 스스로 할 수 있는 일을 하는 것이 진정한 성공이고 부유함에 이르는 길임을, 다른 사람과 공유하고 싶었습니다.

인생의 여러 가지 문제를 가장 쉽게 해결할 수 있는 비법은 바로 '비움'에 있습니다. 돈을 비롯하여 마음을 불편하게 하는 것이 있다면 모두 비워야 합니다. 욕심을 비우면 그만큼의 여유를 얻게 되고, 자유롭고 홀가분해집니다. 사람에게는 무엇이든 알맞은 기준이 있는데 그것을 무시하고 지나치면 결국 탈이 나게 됩니다. 필요 이상의 욕심은 마음의 평안을 가로막고 그것은 결국 인생의 커다란 걸림돌이 될 뿐입니다. 삶의 궁극적인 목적은 소유가 아닌 존재에 있습니다. 아무리 시대가 변하더라도 인간 활동의 기본 법칙은 변함이 없습니다. 인생의 다양한 요소를 즐길 줄 알아야 합니다. 계절을 느끼고, 일상의 틈에서 소소한 행복을 발견하며 자기 앞에 주어진 일에 최선을 다하는 것은 존재의 가치를 더해주고 삶을 풍성하게 해줍니다.

잘 산다는 것은 현재에 집중하고 사랑하고 감사하며 사는 것입니다. 집착을 버리고 인간의 본성에 맞게 살아갈 때 물질도 돈도 관계도 좋은 것이 될 수 있습니다. 가진 것에 감사하며 의연하게 살면 존재만으로 행복하다는 것을 깨닫게 됩니다. 비우면 비울수록 삶은 더 단순해지고 명료해집니다. 적은 것으로 살아갈 수 있는 사람이 진짜 부유한 사람입니다. 우리는 소유하기 위해 태어난 것이 아니라 경험하고 성장하며 조화롭고 아름답게 살기 위해 태어난 것입니다. 녹이 슬고 썩어 없어질 물질에 집착하지 않고, 적은 것으로 만족하는 법을 배우며, 소박하게 간결하게 우아하게 살아갈 때 존재는 빛나고 삶은 더욱 풍요로워질 것입니다.

**비울수록**
**풍요로운 삶**

초판1쇄 발행 2023년 7월 15일

지은이         노혜령

펴낸이         송희진
디자인         김선희 샘물
편집팀         나란히 우지연 이하빈
마케팅         스티브jh 박봉순 강운자
펴낸곳         한사람북스
출판등록       2022-000060호 2022년 7월 4일
주소           서울 서대문구 신촌로 25
홈페이지       https://hansarambook.modoo.at
블로그         https://blog.naver.com/pleasure20
ISBN          979-11-980235-8-2 (13320)